THE ONE MINUTE

STEVE JOBS

1分間スティーブ・ジョブズ

人生に革命を起こす77の原則

桑原晃弥

SoftBank Creative

はじめに

「スティーブ・ジョブズって最高だね！」

グーグル創業者ラリー・ペイジとサーゲイ・ブリンは、「収益を上げるために、経営のプロをトップにすえろ」と求める投資家たちに、そう応じたという。2000年頃の話だ。当時からジョブズは、若い起業家たちのあこがれだったのである。

だが反対に、投資家たちはムッとしたらしい。ジョブズの来歴を考えれば、彼らの反応もまた、当然であろう。

ジョブズは、今でこそ経済誌『フォーチュン』から「過去10年間で最高の経営者」に選ばれるほど高く評価されている。だが、20代の頃は、アップル創業で財をなした成功者ではあっても、経営者としては失格だった。事実、「ジョブズが経営に関わると混乱する」とアップルを追放され、30代は「世界で最も有名な敗残者」だった。創業したピクサーとネクストも個人資産を食いつぶし続けた。

40代に入って『トイ・ストーリー』を大ヒットさせたピクサーの株式公開で巨富を得るが、経営者としての評価は定まらなかった。復帰したアップルでiMacを大流行させた1998年にも、「優れた製品をつくる才能はある。だが……」というのが、大方のジョブズ評だったろう。ちなみにグーグル誕生はこの年だ。

評価が変わったのは、２００１年のｉＰｏｄに始まり、ｉＰｈｏｎｅ、ｉＰａｄと世界をリードする製品を次々と発表したこの10年足らずの間だ。業績も順調で、今やアップルは米国を代表する優良大企業である。

こういう浮沈の激しい人物だから、現在の姿だけを見ては、ジョブズから何も学べないといっていい。20代、30代の生き方を知ってこそ、彼を教師にできるのだ。

本書が、「最高だね」といわれる前の若き日のジョブズの言葉を多く収録したのは、そのためである。荒削りだが魅力的、とげとげしいが刺激的な言葉を味わってほしい。たった1分間、見開きをパラリと開くだけで、生きていくのに大切な何かがつかめるはずだ。ジョブズと深く関わる人たちの言葉も本文にちりばめたから、ナマの人間ドラマも楽しめると思う。

ジョブズの言葉は鋭い。時に人を傷つけ、打ちのめす。だが、時に限界を突破させ、閉ざされた状況を打開する。どう読み説くかは読者次第である。

言葉の力は生き方によって決まるが、ジョブズの生き方を知る上で最も参考になるのが、２００５年、米国の名門スタンフォード大学の卒業式に招かれた時のジョブズの講演だ。巻末に要旨を、和英対訳の形で収録した。略年表「ジョブズの歩み」とあわせて目を通していただくと、ジョブズの言葉がなぜ力を持つのかが、よりスムーズに理解いただけるだろう。

特に心を打つのが「点と点をつなぐ」という考え方だ。人生は幸福だけに満ちていない。むしろ不幸や苦痛、「無益だ」と思うことのほうが多い。しかし、くさらず、あきらめず歩み続けると、ある瞬間に点と点がつながり、不幸や苦痛がすべて有益なものに転じる瞬間があるという。

本書によって読者がその瞬間を引き寄せられたとしたら、これにまさる喜びはない。

桑《くわ》原《ばら》晃《てる》弥《や》

1分間スティーブ・ジョブズ　目次

はじめに……1
スティーブ・ジョブズの歩み……11

ジョブズ劇場1 「なかった力」を組織から引き出す

1 ピンチの時には身近にいる人を総動員して、彼らを信じるんだ。……14
2 不可能に思えても目標を下げない。上げるのだ。……16
3 優れた人間のチームをいくつもつくって、彼らに夢を実現させてみせる。……18
4 煩雑な組織は一つもない。今立ち上げたばかりのような会社だ。……20
5 100人以上の事業部を動かす気はない。……22
6 18人がアイデアを持ち、二つしか実現できないとすれば、16人が不幸だ。……24
7 売上が何十億ドルにもなると、企業は面白みに欠けてしまう。……26
8 アップルらしくないね。僕らはこんなに気取ってない。……28
9 あいつらはつくっているものを愛していない。……30
10 優秀な人材はもういないと思っていたが、そうではなかった。……32
11 得意であるはずのことに集中しろ。……34

12 私たちは何かをなしとげるたびに、次は何をしようかと考える。……36

ジョブズ劇場2 工業品を工芸品のレベルに高める

13 これは要らないといい続けることで、製品開発を進めてきた。……40
14 安心して眠りたいなら、隅から隅までいいものをつくらなきゃ。……42
15 自分がこれまで誰だったかを受け止めた上で、それを捨てるんだ。……44
16 すばらしいスポーツカーを買おうとしたら、ヨーロッパに飛んで工場で買え。……46
17 混乱して方向を変えれば、多くの壁に衝突する。……48
18 何としてもコンピュータをプラスチックのケースに入れたい。……50
19 曲を選択するまでに3回以上ボタンを押させるな。……52
20 外側だけ見て同じものがつくれるなんて、全然ピントがズレている。……54
21 史上最高の映画をつくる。そして勝つのは最高の映画なのだ。……56
22 情報のコストが上がれば、情報を探すコストは下がるはずだ。……58
23 がまんしてウィンドウズとつき合う必要のないことに、みんな気がつき始めた。……60
24 僕の内部にあるものを引き出して製品に変える。……62

ジョブズ劇場３　平均以上でなく最高以上に導く

25　必要なのはコスト削減ではない。苦境から脱出できる革新を行うことだ。……66
26　ユーザーは、どんな大革命が起きるかまでは教えてくれない。……68
27　最初にベクトルを１インチ動かすだけで、３マイル先では膨大に方向が転換する。……70
28　安全は一番危険な落とし穴だ。……72
29　時には築いてきたものを断ち切ることが必要である。……74
30　マイクロプロセッサを個人のツールに。この発想転換こそイノベーションだ。……76
31　ベルは、電話を発明する前に市場調査をしたか。……78
32　パソコン産業は開拓者の手から管理者の手へ渡ろうとしている。……80
33　パソコンを必要とする人はいなくなるだろう。すでに我々はその変化の中にいる。……82
34　自前だからイノベーションを加速できる。……84
35　人間は創造的だ。つくる会社が考えつかなかったやり方で、ツールを使う。……86
36　技術で世界が変わるわけじゃない。変わらないんだ。……88

ジョブズ劇場４　どんな歯車にもスターの心を植える

37　惚れ込んでくれれば、おのずとうまくいく。……92

38 命令では生産性を上げられない。最善を尽くせる手段を与えることだ。……94
39 君のチップが取って代わる。君の仕事が世間に知られるようになるんだ。……96
40 こいつは大したもんだよ。つくりたいというわけかい？……98
41 君の自信はどうしたんだ？ これは君の芸術なんだよ。……100
42 「有給休暇」が終わったら、戻ってこいよ。……102
43 やりたいのは本当にこんなことか。……104
44 3カ月やろう。その間に、僕が間違っていたということを証明してみたまえ。……106
45 よし、ちょうど下働きの人間が欲しかったところだ。……108
46 10秒早く起動できるようにすれば、何十人もの命を救えるんだぞ。……110
47 自分はすごい奴だと思うか？……112
48 僕はゼロ株だけあげるよ。……114

ジョブズ劇場5 たった一言で力関係を築く

49 やあ、君は地球で一番売れっ子だと聞いたんだけど。……118
50 私はよく働く。損はさせない。約束できるのはそれだけさ。……120
51 じっくり検討すれば、それ以上のものが欲しくなるはずだ。……122
52 だけど僕らには足りないものがあります。力を貸して下さい。……124

ジョブズ劇場6 転んだ両手で金貨をつかむ

53 彼がいる限り、絶対に契約は結ばない。……126
54 折半にしないなら、全部持ってけよ。……128
55 ならば法律を変えてやろうじゃないか。……130
56 アップルはバンク・オブ・アメリカと同じくらい安全だ。……132
57 巨大な樫の木には同じくらい大きな根がある。私たちはその根を育ててきた。……136
58 我々は完璧ではない。だが、みなさんを幸せにしたいのだ。……138
59 仕事が止まった時、頭を切り替える勇気がなかったら、会社は存在しなかった。……140
60 ただ数字を見るのでなく、アイデアと人間の質を評価するのだ。……142
61 CEOには気品が備わっているべきだ。……144
62 社員を奮い立たせられる人物は一人しかいない。……146
63 タンカーの進行方向を変えるようなものだ。ろくでもない計画がたくさんあった。……148
64 もし捨てたら、世間は拍手するでしょう。……150
65 変革はトップから始めなければ。……152
66 1万人の凡庸な社員がいて、みんな一掃する必要がある。……154
67 誰もが後継者になり得るようにする。それが私の義務だ。……156

ジョブズ劇場7　夢を素材に具体的な成功をつくる

68 成功できたのは乗る馬を選んできたからだ。……160
69 スタートと同時に、大半の人は違う方向に走り出した。……162
70 人生の答えを見つけたかった。……164
71 僕は環境決定論者だ。人間の価値と世界観は、経験によって形づくられる。……166
72 若い頃、何かにかぶれていれば、ビル・ゲイツも少しは融通のきく男になっていた。……168
73 マルクスと導師を合わせたよりも、エジソンのほうが世界にとってよかった。……170
74 僕にはないけど、あっちはたくさんお金を持っている。……172
75 アップルを追放された時、すぐに働き始めて、後で後悔した。……174
76 子どもに巨額の金を残したいと思わない。子どもの人生を台なしにするだけだ。……176
77 父が自分にしてくれたように、自分も子どもにしてあげたい。……178

おわりに……180
参考付録・ジョブズのスタンフォード大学卒業記念演説［省略版］……187

執筆協力／秋山勝
編集協力／アールズ 吉田宏

マイクロソフトがウィンドウズ 3.0 を発売。大ヒット

1991　結婚。ピクサーとディズニーが契約
アップルが IBM と提携する

1993　アップル社長にマイケル・スピンドラー

1995　『トイ・ストーリー』が世界的大ヒット
ピクサーが株式を公開、大富豪となる
マイクロソフトがウィンドウズ 95 を発売。爆発的ヒット

1996　アップルが巨額赤字を計上し、スピンドラーが社長退任
アップル社長にギル・アメリオ就任
アップルに特任顧問として復帰

1997　アップルがネクストを買収、アップル暫定 CEO に復帰
アップルがマイクロソフトと業務提携

1998　「iMac」発売。大ブームになる

2000　アップル暫定 CEO から正式 CEO に就任

2001　「iPod」発売

2002　iPod ウィンドウズ版発売

2003　「i チューンズ・ミュージック・ストア」開始
『ファインディング・ニモ』が世界的ヒット

2004　膵臓ガンの摘出手術

2005　米国スタンフォード大学卒業式で記念スピーチ

2006　ディズニーがピクサーを買収
ジョブズがディズニーの筆頭株主取締役になる

2007　「iPhone」発売
iPod の累計出荷台数が 1 億台を超える

2008　iPhone 3G が 3 日間で 100 万台販売
ビル・ゲイツ引退

2009　半年以上の病気療養から復帰

2010　「iPad」発売。爆発的人気
iPhone 4 発売
アップル株式時価総額がマイクロソフトを抜き全米 2 位

2011　病気療養のため CEO を辞任。会長職につく

2011　死去（享年 56 歳）

スティーブ・ジョブズの歩み

1955	米国カリフォルニア州サンフランシスコで生まれる
	ビル・ゲイツがワシントン州シアトルで生まれる
1971	スティーブ・ウォズニアックと友人になる
1972	オレゴン州リード大学に進学。ほどなく退学
1974	ゲームメーカー、アタリの夜勤社員となる
1975	ビル・ゲイツがマイクロソフトを創業
1976	ウォズニアック、ロン・ウェインとアップルを創業
	「アップルI」発売。商業ベースに乗る
1977	マイク・マークラが加わり、アップル法人化
	アップル社長にマイク・スコット就任
	世界初のパソコン「アップルII」発売。爆発的ヒット
1979	ゼロックスのパロアルト研究所を見学、発想を得る
	リサの開発を始める
1980	アップルが株式を公開。億万長者となる
	「アップルIII」発売。不調に終わる
1981	マッキントッシュ・チームを指揮
	アップル会長に就任
	アップル社長にマイク・マークラ
	IBM がパソコン IBM PC を発売
1982	NEC が PC9800 シリーズを発売。定番機種となる
1983	アップル社長にジョン・スカリー就任
	「リサ」発売。不調に終わる
1984	パソコンの名機「マッキントッシュ」発売
	歴史的 CM「1984」発表
1985	アップルを追放される
	マイクロソフトがウィンドウズ初バージョンを発売
1985	ネクストを創業
	ピクサーをジョージ・ルーカスから買収
1987	アップルが「マッキントッシュII」を発売
1989	ピクサーが短編アニメ『ティン・トイ』制作
	『ティン・トイ』がアカデミー賞短編アニメ賞を受賞
1990	アップル社長にマイケル・スピンドラー就任

力」を

ジョブズ劇場1

「なかった組織から引き出す

001

ピンチの時には身近にいる人を総動員して、彼らを信じるんだ。

スティーブ・ジョブズは優秀な人間だけを集めてチームをつくるのが好きだ。いくら優秀でも個人の力には限度があるものだが、チームにまとめることで限度を超えさせる。それがジョブズである。

たとえば、ジョブズが創業したピクサー・アニメーション・スタジオの世界的ヒット『トイ・ストーリー』の続編『トイ・ストーリー2』の危機への対応がそうだ。当初、『2』はビデオ用として制作が進んでいたが、共同制作会社ウォルト・ディズニー・カンパニーとの話し合いで、急に劇場用に変更されたのである。

劇場用となると、素材を大きく増やし、ストーリーも修正する必要があるが、残された時間はわずか8カ月。しかも監督ジョン・ラセターは新作『バグズ・ライフ』にかかりきりで、『2』に時間をさけない。

公開時期を延ばすか、そこそこのできでよしとするか。ジョブズの答えはいずれもノーだった。焦るラセターにこういった。

「ピンチの時には、新しい人材を探す暇はない。身近にいる人員を総動員して、彼らを信じるんだ」

『2』のチームは家族に会うことすらできない超過勤務をやりとげ、1作目をしのぐ巨額の興行収入を上げたのである。

ラセターは、こう振り返っている。

「ジョブズは、僕に最善ともいえる助言をくれたね。僕はその通りにしたよ」

002

不可能に思えても目標を下げない。上げるのだ。

ジョブズは大組織より小さな組織を好む。少数精鋭こそが本当に優れた製品をつくるのであり、製品力があればどんな巨大企業にも対抗できると考えていた。

ジョブズは自分が創業したアップルを1985年に追放され、1996年に復帰するまでにネクストとピクサーを相次いで創業するが、そのネクストでも、考えは同じだった。「ネクストは社員だけが株主となる私企業にする。親密さの感じられる小規模な企業だ」といっている。

だが、業界が急成長するにつれ、小規模では大きな影響を及ぼせないことがはっきりしてきた。そこで、こう宣言する。

「世界はもう一つの1億ドルのコンピュー

タ企業を望んでいるわけではない。砂場で遊びたいなら、それなりの規模に成長しなければならない」

そして1億ドルではなく「10億ドル」の組織づくりに着手する。それはネクストの状況からすれば絶対に不可能なレベルだったが、こういい放った。

「目標が不可能に思えても、我々は狙いを下げたりしない。上げるのだ」

最終的にネクストはメーカーとしては惨敗するが、ジョブズのアップル復帰の原動力になった。ネクストの共同創業者で財務部長だったスーザン・バーンズは、こうしたジョブズの姿勢を「挫折なんてまったく考えられない」と、高く評価していた。

003 優れた人間のチームをいくつもつくって、彼らに夢を実現させてみせる。

「新たな製品を考案し、小グループに情熱を吹き込み、将来の夢を語らせたら、スティーブの右に出る者はないだろう。しかし、10億ドル企業の経営となればどうだろう。答えは否だ」とは、長年アップル取締役会のメンバーを務めたフィル・シュラインの若き日のジョブズ評だ。

ジョブズには誰もが認める才能があった。それは会社の経営ではなく、有能な少人数のグループを率いて宇宙に衝撃を与えるほど独創的なものをつくる力だった。

なぜ、少人数なのか。それは、企業が大きくなると、何層もの中間管理層が組み込まれるからだ。管理者は保守を好み、創造を陰に陽に妨げる。創造力あふれた人間は嫌気がさし、会社を去ってしまう。

「後に残るのはごくごく普通の人たちという結末になるんだ。そんな味も素っ気もない企業にしたくないのなら、優れた人間たちの小さなチームをいくつもつくって、それをまとめ、彼らに思い切り夢を実現させてみたらいいのさ。僕たちはエンジニアじゃなくて、アーティストなんだから」

ジョブズは、大企業は醜いものだと嫌い、自分自身も単なるビジネスマンになりたくないと思っていた。目ざしていたのはアーティスト的なエンジニアが、創造力をフルに発揮できる革新的な企業だった。しかし、そんなアップルも成長するにつれ、大企業への道を歩み始めていく。

004
煩雑な組織は一つもない。今立ち上げたばかりのような会社だ。

アップルの創業は1976年。企業の寿命30年説に従えば、すでにピークを迎えたことになる。しかし、ジョブズはそうではないと考えている。いまだにみずみずしいことを強調する。

「アップルの社内には煩雑《はんざつ》な組織は一つもない。今立ち上げたばかりのような会社だ。この星で最大の新興企業だ」

その考え方は20代の頃とまったく変わっていない。1980年の上場直後、ジョブズは自戒するかのようにいっていた。

「僕たちは今、小企業の中の最大の企業という地位から、大企業の中の最小の企業へと移ってきたのです」

実際、アップルには意思疎通をはばむよ

けいな組織が少ない。毎朝のミーティングで細かく情報交換をしているし、課題を分割してチームに分担させる判断は的確だ。組織としては若い活力にあふれている。

しかし、ジョブズも老いの入口にある。大病で痩《や》せた姿は時に痛々しい。常に新興企業であろうとしても、すでに時間は限定されつつある。時間と戦うジョブズの毎日について、iPhoneで提携関係にあるソフトバンクの孫正義氏は、こう語った。

「ジョブズは、自分の最後の1日で人類に何を残せるのか、このことのみを考えて常に仕事をしている。ジョブズの後継者が同じものを生み出したとしても、それは似て非なるものだ」

005 100人以上の事業部を動かす気はない。

ジョブズにとって優れたチームは大規模な「海軍」組織ではなく、神出鬼没の「海賊」集団でなければならなかった。実際、パソコンの名機マッキントッシュ（マック）の開発チームは、ジョブズの「海賊になろう」というスローガンに率いられて完成へとひた走ったのだ。

マック・チームの移動先を話す会議でも、ジョブズはチームの人数を問題にしている。「建物をきちんとするためには100万ドル使ったってかまわない」が、100人収容のレイアウトにしてくれと要求した。

「100人以上の事業部を動かす気はないし、君らだって100人以上の人間と一緒に働きたいとは思わないだろう。もし、もっと人間が欲しいというなら、そいつを入れる代わりに誰かが出て行くことになる」

マック・チームが少人数の時代、そこには独特の雰囲気があった。「僕らはみんなの心を吹き飛ばしてやろうという異端児でした」とは、チームの主要メンバーで、後にグーグルに転じるアンディ・ハーツフェルドの言葉だ。しかし、やがて人数が増えるにつれ、そこは「もう史上最高のコンピュータをつくろうという仲間の集まりじゃなくなってしまった」とも述懐している。

今のアップルは大企業だが、ジョブズは優秀な社員100人を選んで「アップル100」という会議を定期的に開き、そこではかなり突っ込んだ話をしているという。

006 18人がアイデアを持ち、二つしか実現できないとすれば、16人が不幸だ。

「創造的なスタッフをマネジメントすることが最も大切な問題だ。18人がそれぞれのアイデアを持っていて、二つのことしか実現できないとすれば、残り16のアイデアが無駄になり、16人は不幸だ」と、ジョブズはマネジメントの重要性を指摘している。

人を極限まで働かせる経営者としてジョブズは有名だ。マック・チームでは「海賊になろう」の後に「週90時間、喜んで働こう」という一言が書き加えられ、全員が倒れる寸前まで働き抜いた。それはアップルの精鋭を引き抜いたネクスト時代も同じで、ほめられたり、罵倒《ばとう》されたりするのにうんざりして退社した社員も少なくない。

だが、そんなきわめつけの暴君でありながら、多くの人がジョブズのもとで再び働きたいと感じている。そんな不思議なマネジメントをするのがジョブズなのだ。

「ともに働いていると、自分が今キャリアの絶頂にいるのが実感できる」「もう一度彼のために働きたい。彼は世界で最もエキサイティングなコンピュータをつくっているから」と何人もの技術者が述懐している。

問題に直面した時、ジョブズは全員が同意するまで討議を煮詰め、コンセンサスを引き出す。その過程で人と人の間に「化学反応」が起きた時、コンセンサスはさらに研ぎ澄まされる。それが創造的なスタッフをマネジメントする真骨頂かもしれない。

007

売上が何十億ドルにもなると、企業は面白みに欠けてしまう。

ジョブズは、友人の天才技術者スティーブ・ウォズニアックと二人でアップルを創業した時から、大企業然とした企業にはしたくないと考えていた。

「売上が何十億ドルにもなると、企業というのは面白みに欠けたものになってしまうものだ」

10年前にアメリカでとびきり革新的な企業をあげろといえば、必ずポラロイドやゼロックスが入ったものだが、今（80年代後半）はどうだ、両社とも何の躍動感もない退屈な大企業だ、というわけである。

「規模が何十億ドルにもなると、なぜか夢というものを失ってしまいがちだ。経営する人間と、実際の仕事に携わる人間との間に、何層もの中間管理層が組み入れられて、働く者は製品に対して本来抱くべき愛情や情熱を感じられなくなってしまうのさ」

ジョブズはマックの開発を進めていた頃も、アップルを「魂を持ち合わせた100億ドル企業にしたい」といっていた。当時、すでにアップルには大企業化、官僚化のきざしがあったのだ。そんな会社に、再び創業時のガレージの情熱を呼び戻す試みがマックだったともいえよう。

企業は大きくなるにつれ、革新より保守、成長より安定、夢よりカネを重視するようになりがちだ。大企業としての風格？　そんなものは糞食らえだとジョブズはいい続けているように思える。

008

アップルらしくないね。僕らはこんなに気取ってない。

初期のアップルは「社長や副社長なんかいるようには思えなかった。まるで私たち全員が同僚であるかのような気分だった」とある古参社員が述懐しているように、みんなが忙しく走り回っている会社だった。統率は欠けていたかもしれないが、自由な活気があふれていた。

しかし、成功のステップを上がるとともに、大企業に変容し始める。1983年には、ペプシコーラの次期社長と目されていたジョン・スカリーをCEO（最高経営責任者）に迎えた。

ジョブズ、ウォズニアックと並ぶアップル共同創業者マイク・マークラは、新しいビルにスカリーのオフィスを新設した。経営スタッフ全員が新ビルに移る計画も進めた。中でもスカリーの部屋は6メートル四方のスィートルームで、特注の紫檀《したん》の家具、大理石のテーブル、趣味のいい絵画が用意された。それはまるで、大企業ペプシコーラのオフィスのようだった。

ジョブズは、スカリーを口説いた張本人だが、新ビルへの移転は断固拒否した。

「ちっともアップルらしくない。僕らはこんなに気取ってなんかいない」

ジョブズはマック・チームのビルに残り、それに合わせてスカリーも、オフィスを普通の広さに狭め、家具も一般的なものにしたという。ジョブズには「大きさ」よりも「自分らしさ」が大切だったのである。

009 あいつらはつくっているものを愛していない。

人の力を引き出す原動力は何か。それは高額報酬や生活の安定より、仕事への愛情である。1970年代の米国デトロイトで自動車産業が衰えたのは、経営者たちが車を愛していなかったからだ。コンピュータ業界も同様だとジョブズはいう。

「(マイクロソフトの重鎮)スティーブ・バルマーがパソコンを愛してると思うか。(インテルCEOの)クレイグ・バレットは? (デルコンピュータ創業者の)マイケル・デルは? デルはパソコンを扱ってなかったら、別のものを同じように売ってただろう。あいつらは自分がつくってるものを愛していない。でも、ここにいるみんなは違うんだ」

マック・チームのアンディ・ハーツフェルドが、こう振り返っている。

「マックは競合のことなど気にもとめず、むしろ芸術的な価値観によって動いていた。僕らはマックを、考えられるあらゆる領域において最先端となる、技術的にも芸術的にも最高の作品にしたかった」

iPodの開発者ジェフ・ロビンもいう。

「メンバーはみんな、この製品の開発に関われることに興奮していた。ある意味、これはみんな自身の夢を実現するプロジェクトだったんだ」

愛情、夢、熱さといったものが結実する時が、能力が最高値を示す時であり、すばらしい製品が生み出される時である。

010 優秀な人材はもういないと思っていたが、そうではなかった。

1997年、ジョブズが暫定《ざんてい》CEOとして復帰した頃のアップルは、倒産へのカウントダウンを刻んでいた。

最悪だったのは、ギル・アメリオをCEOに招いたことだという説がある。アメリオは半導体業界で再建屋として知られていた人物だが、アップルでは、再建よりも専用機の買い換えと執務室の改造にばかり執心したというのだ。

だから、ジョブズが真っ先に行ったのは、自分を復帰させてくれたアメリオの追放だった。さらに重役たちの首をはね、一方で仇敵《きゅうてき》マイクロソフトとは提携を結ぶ。

同時に人材を求めた。すると「アップルは死への螺旋《らせん》階段を下っていた」と最高財務責任者だったフレッド・アンダーソンがいったほどの会社にも、人は残っていた。「倒産まで90日の崖っぷちだった。優秀な人材はもういないと思ったが、そうではなかった。『どうしてアップルに残っているんだ』と聞いた。『アップルを信じているから』と答えてくれた。この場所が象徴するものを愛している、と」

iMac、iPod、iPhone、iPadという大ヒット商品の誕生劇が、ここから始まった。そして14年後の2010年、アップルの株式時価総額がマイクロソフトを抜き、IT業界で首位となる。それは、エクソンモービルに次ぐ全米第2位の企業に躍り出た瞬間でもあった。

011 得意であるはずのことに集中しろ。

「みんながアップルで働きたがっている。よそではアップルと同じような仕事ができないからだ。パソコン業界ではエンジニアはとっくの昔に消えた。家電業界はソフトを大事にしてくれない。アップルがつくれるような製品を手がけている会社も今はどこにもありはしない。だが、アップルの屋根の下では何でもできる」

そうジョブズはいう。アップルは、まるで希望の星のような企業へと復活できたのである。ただし、そうなるには徹底した選択と集中が必要だった。

ジョブズは復帰すると、製品のすべてを精査した。大会議室に製品チームを順々に呼び寄せて説明させ、質問を浴びせた。メモを取ろうとすると、「メモは要らない。大切なことなら覚えているはずだ」と制止されたという。

とはいえ調査は穏やかな雰囲気で行われた。ジョブズは容赦なく感情を爆発させる人間だが、それもなかった。

「スティーブはののしり合いをするわけでも、人を愚か者扱いするわけでもありませんでした。『得意であるはずのことに集中すべし』ただそれだけです」

当時ジョブズのアシスタントを務めたジム・オリバーはそういっている。アップルからの追放、ピクサーでの成功とハリウッドへの進出、そして復帰という風雪の年月が、ジョブズに深みを与えたのだろう。

012

私たちは何かをなしとげるたびに、次は何をしようかと考える。

経営者とは休みなく人を駆り立てる人種だ。ただ、iMacやiPodといった世界的大ヒットが出た直後なら、さすがに普通は少し休憩を与えるだろう。

しかし、ジョブズには「休む」という考えはない。

「私たちは何かをなしとげるたびに、『次は何をしようか』と考える。常に新しい挑戦をしている」

といっているし、アップルとピクサーでの成功について、こうも話している。

「ウォルト・ディズニーはいつもこういっていた。我々の値打ちは次回作で決まる、とね。だからピクサー、そしてアップルでは、腰を下ろして休むことは絶対に勧められない。常に次のことを考え続けなければいけないんだ」

こうしたジョブズの激しいスピード感が、周囲の人間に活力を与えているのは間違いない。スピード感と考え方をジョブズと共有することで、一人ではとても行けない高みにまで行くことができるのだ。

マック・チームの主要メンバーの一人であるバレル・スミスもそうだ。1984年に「マックの次に何をしたいか」と聞かれ、こう答えている。

「90年代のコンピュータをつくりたいね。明日にでも」

もちろん簡単につくれるわけがない。それでも闘志をかきたてるのが彼らなのだ。

ジョブズ劇場2

工業品を工芸品のレベルに高める

013
これは要らないと
いい続けることで、
製品開発を
進めてきた。

スティーブ・ジョブズが示すビジョンは、普通より遠く、普通より極限だ。それを、イエス、ノーのシンプルな言葉で伝え、人を動かしていく。

たとえば製品開発にあたっては、機能の選択と集中に徹底してこだわる。パワーマックの開発に関して、こう話している。

「僕らは不要な要素をそぎ落とすことで、新たな進化をとげた。これは多くの人が押しつけられている安物コンピュータの開発に比べて、はるかに勇気のいる方法論だった。僕らは『これは要らない』といい続けることで、この製品の開発を進めてきた。そして最後には本質だけが残ったのさ」

確かに、デザイナーのジョナサン・アイ

ブが「僕らはこの製品に熱狂してるよ」というほどの製品が完成している。

さらにジョブズは、機能過多を避けるだけでなく、みんなが必要と考えているものにまでノーを突きつけることがある。

iMac開発の時も、ジョブズは誰もが当然視していたフロッピーディスクの搭載にノーをいっている。その決定を「絶望的だ」と書いた専門家までいたが、iMacは600万台も売れ、歴史上最も売れたコンピュータと称されることになった。

設計者は、つけ足すものが何もなくなった時ではなく、取り去るものが何もなくなった時、初めて「完成」を実感する。これがジョブズの美学だ。

ジョブズはアーティストという表現を好む。仕事を技術や営利の目で見るだけでなく、アートとして見直させる。

だから、要求は意外な部分に及ぶ。商品としては誰も気にしないようなところにまで最善を尽くすことを求める。

たとえば、アップルの最初のパソコンであるアップルⅠの回路ボードを設計したハワード・キャンティには、次の製品アップルⅡの開発にあたって、こういっている。

「アップルⅡのプリント基板のラインはすべて完璧にまっすぐでなければならない。マシンの蓋《ふた》を開けた時に美しく見えるようにしてくれ」

あまりの厳しさに頭にきたキャンティ

014

安心して眠りたいなら、隅から隅までいいものをつくらなきゃ。

は、「もう二度と仕事は引き受けない」といい放ったという。

マック開発の時でも、同様の要求が次々に出され、応じない社員には「君ができないなら誰か他の人間を探すさ」ときつい言葉をかけるほどだった。

「大工が立派なたんすをつくろうという時に、いくら見えないところだからって裏側にベニヤの合板を使ったりはしない。立派な板を使うだろう。安心して眠りたいんなら、隅から隅までいいもの、きれいなものをつくらなきゃだめだ」

こうしたこだわりが技術者にアーティストとしての誇りを与え、マックを芸術品と呼べる領域にまで高めたのである。

015
自分がこれまで誰だったかを受け止めた上で、それを捨てるんだ。

ジョブズは30歳の誕生日パーティーの招待状に、インドのこんな諺を引用している。「人生の最初の30年で、人は自分の習慣をつくる。そして人生の残りの30年では、習慣が人をつくり上げる」。

ただし、ジョブズ自身はこの諺のような生き方を望まなかった。確かに人間は、年を取るにつれて次第に一つの型にはまってくるものである。

「すでにでき上がってしまったものの見方だとか、価値観とかいったものとは違う溝を新たに刻み始める人は、きわめてまれだ。だから、30代、40代の芸術家を見るといい。本当に驚きに値するようなものをつくり出す人物は、まれじゃないか」

では、型にはまらない生き方をするには、どうすればいいのか。答えはこうだ。

「芸術家として生きていこうとするならば、過去ばかり振り向いていたのでは駄目だ。自分がこれまで何をして、これまで誰だったのかということをきちんと受け止めた上で、それを投げ捨てればいい」

ジョブズが敬愛する天才画家ピカソは、一つの作風にとどまらず、常に新境地を開き続けた。「失敗を恐れずトライする限りアーティストなんだ。ボブ・ディランもピカソも、挑戦し続けた」と語ったジョブズは、言葉通りアップルを離れ、ネクスト、ピクサー、そしてアップル再生へと「捨てて創造する生き方」をしていく。

016

すばらしいスポーツカーを買おうとしたら、ヨーロッパに飛んで工場で買え。

価格競争に勝つには、できるだけ人件費の安い国でつくるほうがいい。あるいは、コストのかかる工場を持たないのもうまいやり方だ。設計や開発だけを自社で行って、生産は他の会社に委託するのである。

ネクストも最初はそう考えていたが、ある時期から変わった。製造は自社、それもアメリカで行う。かつ工場は最も進んだ自動化工場でなければならない。

「すばらしいスポーツカーを買おうとしたら、どうするのが1番いいか？　ヨーロッパに飛んで行って工場を訪れ、そこで買うことだ」

こうしたジョブズの描く工場のビジョン

は、製造担当マネジャーだったリンダ・ウィルキンに「私たちはチャンスを初めて得ました」と喜びを表明させるに十分なものだった。

ただし、そのビジョンが実現することはなかった。ジョブズはよく「間違いは、みんなアップル時代にやってしまったから、ネクストでは成功するはずだ」とジョークをいったが、ネクストでも間違いをくり返してしまったのだ。理想の工場は、実際には資金と時間を食いすぎて破綻してしまった。ウィルキンは解雇され、怒って不当解雇の裁判を起こし、ジョブズは敗れてしまう。すばらしいビジョンも、そのすべてが現実化するものではないのである。

017 混乱して方向を変えれば、多くの壁に衝突する。

1986年半ば、ネクストは迷いの中にいた。大学向けにコンピュータをつくるというプロジェクトが進展せず、87年までに完成させるという計画にはほど遠い状態にあったのだ。ジョブズは社員を集めて、こういったという。

「今我々は、大学の顧客が何が欲しいといったのか、誰もはっきり思い出せないところにいる。また、ネクストが生産するマシンも最終的にどのようなものになるか、まだわからない。入口にも出口にも光が見えない。混乱して方向を変えれば、多くの壁に衝突することになる」

トンネルの真ん中にいる状況に不安があるだろうが、当初の計画とリーダーである自分を信じて進んでほしいという意味だ。

これを伝え聞いて実業家ロス・ペローは「ジョブズは私よりずっと頭が切れる」といった。物事を徹底追求する「トンネル・ビジョン」の能力をさした言葉だという。

確かに、不安を抱えながらもビジョンを信じて突き進むことでジョブズが成功してきたのも事実だ。マック開発当時を振り返って、ジョブズはこうも話している。

「月に一度しか動かないコンパスを頼りに、ジャングルを歩くようなものだった。行き先は川なのか山なのか、蛇の巣なのか見当もつかない。いつかは金の壺《つぼ》が見つかると思っていたが、それが偽物じゃないという保証はどこにもなかった」

018 何としてもコンピュータをプラスチックのケースに入れたい。

スティーブ・ウォズニアックが設計したアップルⅠは、数個のチップを搭載したマザーボードに毛が生えたような製品だった。ケースも電源もない、キーボードもモニターもない。それでもマニアやエンジニア向けには十分だった。

だが、ジョブズは一部のマニアではなく、多くの人にコンピュータを売りたかった。「自分だけのコンピュータを組み立てたいと思うハードウエアおたく一人に対して、そこまではできないけれどもプログラミングくらいちょっとやってみたいという人が1000人いる」と確信していたジョブズは、次のアップルⅡについてこう考えた。

「何としてもコンピュータをプラスチック

のケースに入れたい」

当時は板金の角ばったケースに入れたコンピュータしかなかった。ヒントを求めていたジョブズはフード・プロセッサーを見て「これこそアップルⅡに必要なものだ」と感じた。そして、デザインを高名なデザイナー、ジェリー・マノックに依頼した。こうしてコンピュータフェアに登場したケース入りのアップルⅡは、大きな衝撃を与えた。マノックがこう述懐している。

「ほかのやぼったい展示品に比べたら、みんな、うちのプラスチックの完成品にたまげていたね。アップルは設立数カ月だったけど、プラスチックケースのお陰で、すでに大量生産しているように見えたんだ」

019

曲を選択するまでに3回以上ボタンを押させるな。

アップルの強みは、高度な技術を普通の人が使えるようにしていることだという。複雑な機能を使いこなせない製品が多くなる中で、アップル製品は実にシンプルで使いやすい。マニュアルがついていなくてもまったく支障がないほどだ。

そうした製品をつくり上げるためのジョブズの要求は、当然、とても厳しい。

iPodの試作品をつくっていたチームは、いつも金曜日に提出を求められた。

「たぶんジョブズは毎週末に、試作品を自宅で試してたんじゃないかな。だから週明けの月曜日には、必ずここを変えろ、あれを修正しろ、みたいな要求が山ほど帰ってきたよ」と、ポータブルプレーヤー用ソフトウエアの開発企業としてアップルと契約していたピクソーの社員はいっている。

会議でも、ジョブズは「曲を選択させるまでに3回以上もボタンを押させるな」と怒鳴り、「音が小さすぎる」「音質にシャープさが足りない」「メニューが表示されるのが遅すぎる」と注文をつけ、チームは対応に追われ続けた。

ジョブズは誰も気にしないような細部にまで異常なほどのこだわりを見せる。時にメンバーを仰天させることもあるが、最後にはすごい製品に仕上がることでみんなが納得をする。

妥協せず平然と無理難題をいうのは、ビジョンの一つの示し方でもあるのだろう。

020

外側だけ見て同じものがつくれるなんて、全然ピントがズレている。

iMacが「歴史上最も売れたコンピュータ」となったのは、ジョブズが製品に完璧を追求した結果だったといえる。だが競合他社のほとんどは、iMacのファッション性ばかりに注目した。たとえば最大のライバルであるマイクロソフトのビル・ゲイツは、こうコメントした。

「アップルがやっているのは、いってみればカラー革命だ。私たちが追いつくのも時間の問題だろう」

確かにiMacのファッション性は群を抜いていた。そのスケルトンカラーは流行色になったほどである。

しかし、その他にもセットアップの容易さや、フロッピーの代わりにUSBメモリを使ったことなど、ヒットの要素がたくさんあった。それを見ようとしない競合他社の反応を、ジョブズはこう切り捨てた。

「競合企業はどこも、iMacのヒットはファッションの問題だとか、表面的な見た目の問題だと勘違いしている。競合は外側だけを見て『安物のコンピュータに色を塗りたくれば、うちでも同じものがつくれるぞ』とかいい出すわけだ。全然ピントがズレてるのさ」

後年、iPodのヒットに対抗してデル・コンピュータが送り出したデルDJは、iPodより価格が安くバッテリー寿命が長いのに、生産中止に追い込まれた。ビジョンなきものまね製品の末路であろう。

021

史上最高の映画をつくる。そして勝つのは最高の映画なのだ。

「世界にはアイデアが満ちあふれている。模倣するほうが少しは楽かもしれない。でも、そんなことをしても世界はよくならないんだ」というジョブズは、ピクサーの経営者としてハリウッドに進出した時も、模倣と戦うことになった。

映画の成否はアイデアの優劣で決まるところがある。だから、ハリウッドはアイデアに資金を投入するし、模倣もまかり通る。

『トイ・ストーリー』を大ヒットさせたピクサー監督ジョン・ラセターは、次作『バグズ・ライフ』のアイデアを抱えて、ドリームワークスのジェフリー・カッツェンバーグを訪ねた。カッツェンバーグはかつてディズニーにいて『トイ・ストーリー』を実現してくれた恩人であり、ラセターは自分のアイデアを話して意見を求めたのだ。

だが、カッツェンバーグは平然と模倣をする。ラセターのアイデアを借用した『アンツ』を企画、しかもピクサーより先に公開すると公表したのである。ジョブズはピクサーの全社会議でこう檄《げき》を飛ばした。

「我々は史上最高の映画をつくる。そして勝つのは最高の映画なのだ」

「悪者が勝ったためしがない」

ドリームワークスのマーケティング責任者は「ジョブズは薬でも飲んだほうがいいね」とやり返したが、『バグズ・ライフ』は『アンツ』に倍以上の興行収入差をつけるという大勝利を収めた。

022

情報のコストが上がれば、情報を探すコストは下がるはずだ。

1970年代のパソコン登場によって、テクノロジーの質は断層を刻むような変貌《へんぼう》をとげたとジョブズは力説したことがある。

「情報のコストが上がれば、必要な情報を探すためのコストは逆に急速に下がるはずだ。コンピュータは情報を集める上で、最も安価な手段になるだろう」

「それが毎日のニュースであろうと、議会の議事録であろうと、コンピュータを通じて集めれば、一番安上がりの手段となる」

パソコン登場以前の技術は、まだ肉体労働の延長線上にある。だが、パソコンが象徴するテクノロジーは違う。人間の頭脳を反映して拡張する新技術なのだ。

1980年代初頭の段階でジョブズは、すでにネットワーク社会、情報化社会が到来するイメージを鮮明に描いていた。その先見性は、ウォズニアックに比べ、根っからのエンジニアでなかったことに関係しているのかもしれない。

サンフランシスコ・エグザミナー紙のコラムニスト、ジョン・ドボジャックは、ジョブズの強みとは技術的知識が欠けていることだと指摘した上でこう付け加える。

「専門家ではないから、不可能ということを知らない」

非専門家ならではの遠望力というものがある。専門家でないことを弱みとせず、強みとして活かすことが大切である。

023

がまんしてウィンドウズとつき合う必要のないことに、みんな気がつき始めた。

どうしてみんなウィンドウズに走ってしまうのか、理由がわからずにジョブズは悩んでいた。必死で働いてもシェアは改善されない。間違っているのは自分のほうではないか、と。

そのジョブズに自信を与えたのがiPodの大ヒットだった。またたくまに70％のシェアを獲得したのだ。ウィンドウズとマックのシェア争いでは、4〜5％の攻防だっただけに「とっておきのカンフル剤」とその成功体験を喜んだ。

大切なのはやはりソフトウエアとデザイン力だ。そのジョブズの信念は、確信に変わる。遅れてマイクロソフトも携帯音楽プレーヤーに参入するが、新製品Zuneは不発に終わったからだ。

「がまんしてまでウィンドウズとつき合う必要のないことに、みなさんようやく気がつき始めた」

とジョブズは自信に満ちていっている。

もちろんパソコンの9割以上を動かしているのは、まだウィンドウズだ。ただ、コンピュータおたくでもあったビル・ゲイツは引退した。「本当にいい企業には、自社製品を心から信じ、仕事をなしとげるために人生を賭《か》ける覚悟がある人たちがたいていいるものだ」とは、ノースウェスタン大学教授ジェームズ・シャインのゲイツ評だが、「人生を賭ける覚悟」が企業競争の帰《き》趨《すう》を決める場合がしばしばあるようだ。

024

僕の内部にあるものを引き出して製品に変える。

見えない何かを形にする。それがジョブズの真骨頂ともいえる。

マックをつくったのはジョブズだが、もとの発案者はアップルの技術者ジェフ・ラスキンだ。数人で開発を進めていた。

当時のジョブズは株式公開によって莫大な資産を手にし、会長職にあったが、仕事は停滞がちだった。その目に留まったのが、ラスキンらがつくった試作品だった。「これは1980年代のアップルⅡになれる」と感じたジョブズは、チームをいわば乗っ取ってしまう。そして、ゼロックスのパロアルト研究所の見学で目にしたウィンドウシステムやマウスなど、当時の最先端技術を取り入れた製品を構想する。

目ざすのは箱を開ければすぐにセットでき、誰でも使える小型で安価なコンピュータだった。そのイメージをこういっている。

「マックは僕の内部にあり、僕はそれを外に引き出して製品に変えなければならないんだ」

その言葉通り、ジョブズはマックの特性のすべてを自分で決定した。１９８４年に発売、すばらしく売れた。やがて低迷し、ジョブズ失脚の原因ともなったが、マックが歴史的な名機であることに変わりはない。

「スティーブは水平線のかなた、数千マイルも向こうを見ることができる」とある人物が評しているが、ジョブズには将来を見通し、それを製品に変える力があった。

ジョブズ劇場3

平均以上でなく最高以上に導く

025

必要なのはコスト削減ではない。苦境から脱出できる革新を行うことだ。

1995年、ジョブズは革新を忘れて経営が悪化する一方のアップルに復帰すべくギル・アメリオに近づいた。

「問題は、アップル社では誰一人として、次のマックをつくるにはどうすればいいのか、見当もつかないということだろう。もう10年間も、マックに頼り切っているんだ。アップル社が最後に新しいことをしようとしたのが『ニュートン』で、これはご存じの通り、無惨な失敗だった」

この時は「君がCEOになったとしよう。何をするつもりだね?」というアメリオの問いに明確な答えができなかったため、復帰はならなかった。だが、ジョブズの考えは確固としていた。アップルを救うのはイノベーションだけだ。こういっている。

「アップルに必要な治療はコスト削減ではない。アップルに必要な治療は、今の苦境から抜け出せるような革新を行うことだ」

やがて、ジョブズといわば喧嘩《けんか》別れしたジョン・スカリーが「もう一度ジョブズに任せろ」といい出し、アップルOBでビー社を創業したジャン=ルイ・ガセーもジョブズを推した。「アップルに必要なのはCEOじゃない。救世主だ」。

こうして復帰したジョブズは、製品や組織の徹底したスリム化と同時に、革新的な製品を次々と送り出すことでアップル再生を実現した。「チャンスがあるなら、必ず見つけてみせる」ジョブズの手腕だった。

026
ユーザーは、どんな大革命が起きるかまでは教えてくれない。

ものづくりの世界に「わからないことは消費者に聞け」という言葉がある。それは正しいのだが、真に革命的な製品をつくるためには消費者でなく、自分の内なる声に耳を傾けることが重要になる。

ジョブズが目ざすのは、人々のライフスタイルが大きく変わるようなイノベーション的な製品だ。ちょっとした思いつきや改良くらいでは実現できない。

「アップルにはたくさんのユーザーがいるし、その関係の調査もいろいろとした。業界のトレンドにも注意を払っている。でも結局のところ、いろいろなことが複雑にからんでいるため、（マーケティングの方法である）フォーカスグループをつくったぐらいで設計ができるわけじゃない」

では、どうやって革命的製品を生み出すのか。マックを世に送り出した頃、こう考え方を話している。

「すべては偉大な製品とともに始まる、ということだ。もちろんユーザーの言葉に耳を傾けるというのは大事なことだ。でもユーザーはこのコンピュータ業界全体をひっくり返してしまうような、どんなすごい大革命が来年に起きるかといったことまでは教えてくれない。本当に技術というものをわかっている連中と一緒に、よけいな雑音の入らないところに引っ込んで、ただし消費者の声は胸に留めて、じっくりと次の大革命を模索しなくちゃならない」

027 最初にベクトルを1インチ動かすだけで、3マイル先では膨大に方向が転換する。

ジョブズは早くからコンピュータ業界に一大革命を起こすことを望んでいた。実際、アップルⅡとマックによって、その一部は実現する。さらに、パソコンを一般の人に使いやすいツールとして提供することで、業界を超えた社会全体の情報革命にも、大きな貢献ができた。

ネクストを創業した頃、ジョブズはヘンリー・フォードと自分を次のように比較している。フォードはベルトコンベアによる大量生産システムを考案し、大衆車T型フォードを普及させてアメリカ人の生活を一変させた人物である。

「当時はこれがアメリカを変えようとしているのだとは最も信じがたいことだったに

違いない。もし我々がそんな会社をつくることができるなら、私はできると思っているが、途方もなく大きな喜びをもたらしてくれるだろう」

ジョブズは会社の拡大やお金より、歴史に影響を与えることを望んでいた。そして、コンピュータ産業が急激に発達している時代には、パソコンを通じて、一個人が歴史に多大な影響を与えることが可能だった。ロケットにたとえてこう説明したという。

「最初にベクトルをほんの1インチ動かしてやるだけで、3マイル先では方向を転換させるスウィングは膨大になる」

成功を夢見て起業する人は多い。しかし、革命を夢見て起業する人は、そうはいない。

革新にとって最も怖いのは慢心である。初期の成功で社員が「うちはすごいんだ」と増長すると、健全な危機感が忘れ去られ、企業は活力を失うからだ。いつしか革新そのものが失速してしまう。

iPodが世界的大ヒットを続けていた頃、ジョブズは「船が沈みかけた時に、救命ボートに一緒に乗せたい」ほど優秀な社員を選んだ会議「アップル100」で、こう一喝したという。

「収益はこの2年で倍々になった。株価は高いし株主も満足している。普通の人なら、最高じゃないか、ここで失敗したら失うものも大きいのだから、後は安全にやろうと思うかもしれない。だが、これは僕らに

023 安全は一番危険な落とし穴だ。

とって一番危険な落とし穴なんだ。僕らはもっと大胆にチャレンジし続けなきゃいけない。競争相手は世界規模の大企業ばかりなんだ。現状に甘えているわけにいかない」

そして、絶頂期にあったiPod miniを発売中止にし、さらに優れた製品に挑戦を始めた。普通は考えられないことだ。売れている間は売り続け、下降線に入ってから次を出すのが一般的だが、責任者のジョン・ルビンシュタインはこういっている。

「後戻りできない状況に自分を追い込むんだ。そうすればもうやるしかないからね」

何かを捨ててもいいから前に進み続ける。そういうやり方を貫くことで、アップルはイノベーションを起こし続けてきた。

029 時には築いてきたものを断ち切ることが必要である。

ジョブズとビル・ゲイツは、ともにコンピュータ業界の巨人だが、生き方は大きく違っている。

ジョブズは革命を起こすことを目ざした。それに対し、ゲイツ率いるマイクロソフトは、根気よく修正や改良を加えることで、大ヒットに持っていこうとする。

実際、ウィンドウズの最初のバージョンはヒットしなかったが、ゲイツはあきらめずに変更を加え続けた。ウィンドウズ2・03、ウィンドウズ3・0、ウィンドウズ3・1……そしてウィンドウズ95で一気に市場を拡大している。

「ウィンドウズに社運を賭けたのだから、利益を得るのは当然のことだ。結局のところ、計り知れない儲けをもたらしてくれる賭けとなった」とゲイツがいうように、マイクロソフトは根気よい改良によってコンピュータ業界の覇者となった。

一方のジョブズは、革新的な変化を追い続けた。それは時に、過去の製品を否定することでもあった。

「時にはこれまで築いてきたものを断ち切ることが必要であり、我々はそこから世界を再構築しなければならない」

過去を否定するほどの革新は大変なストレスをもたらす。時に失敗だといわれることもある。だが、時がたつにつれその正しさ、有用性が評価される。革新と改良の間には、とても大きな違いがある。

マイクロプロセッサを個人のツールに。この発想転換こそイノベーションだ。

030

「僕たちは、マイクロプロセッサの技術をさまざまなマシンのために応用するのではなく、個人のツールにしてしまったのだ。マイクロプロセッサを個人のツールとして利用する。この発想の転換こそイノベーションなのである。つまり、コンピュータをハサミやハンマーのように使おうというわけだ」

1970年代は、コンピュータといえば、大企業や有力研究所だけが所有できるメインフレーム（汎用大型コンピュータ）を意味していた。そこに、コンピュータと個人との関係を持ち込んだのが、ジョブズのパソコンという発想だった。

きっかけは、スティーブ・ウォズニアッ

クが組み上げたコンピュータ、アップルⅠだった。キーボードも画面もないアップルⅠのむきだしのボードに、ジョブズはライフスタイルを一変させる潜在性と商品性を見いだしたのである。

それは、制作者のウォズニアック自身も見抜けなかったことだった。ウォズニアックは、こういっている。

「ジョブズは、言葉がどんな意味を持っているか深く考えるタイプの男で、彼は、アップルはホームコンピュータというより、パソコンと呼ぶほうが正しいのではないかということに気がついたわけです」

パソコンがまだホームコンピュータと呼ばれていた時代のことである。

031

ベルは、電話を発明する前に市場調査をしたか。

マックの売上が、スタートは上々だったのに徐々に失速したのは、大きな問題点があったからだ。

ライバルであるIBMのパソコンは、何千種類というソフトが使えるのに対し、マックで使えるソフトはごくわずかだった。メモリが少ないことも問題だった。

なぜそんな製品になったのか。

ある記者がジョブズに「大衆がパソコンに何を求めているか、きちんと市場調査をしたのか」と質問したところ、ジョブズは間髪入れずにこう切り返した。

「グレアム・ベルは、電話を発明する前に市場調査などしたか？」

ジョブズは市場調査よりも自分の直感を

信じていた。すでにあるものなら、市場調査は有用だろう。だが、まだ世の中にないものについて、市場や大衆は意見など持ち合わせていない。

「グラフィックベースのコンピュータが何かを知らない人に、グラフィックベースのコンピュータはどうあるべきかを聞くなんてどだい無理な話だ。誰も見たことがないからね」というジョブズの考えを、アップルの古参社員でジョブズの右腕といわれたマイク・マレーは「スティーブは、毎朝、鏡に映った自分の顔を見て市場調査をしていた」と表現した。それは危うくもあり、正しくもあった。やがてジョブズは革新と改良のバランスをとるようになっていく。

032

パソコン産業は開拓者の手から管理者の手へ渡ろうとしている。

ジョブズが去り、ジョン・スカリーがCEOとなった頃から、アップルらしさは消えていった。象徴的なのが、広告代理店チアト・デイ社との契約を打ち切ったことだ。同社はスーパーボウル中継で流された伝説のCM「1984」を製作した代理店である。ジョブズとともにマックを華々しく世の中に広めた立役者だった。

　ネクストで活動を開始していたジョブズは、この知らせを聞いて『ニューヨークタイムズ』などに全面広告を掲載した。冒頭、同社の7年間のすばらしい仕事に喝采《かっさい》を送った後、こう続けた。

「パーソナルコンピュータ産業は今、『開拓者』たちの手から『管理者』たちの手へ渡ろうとしている。すなわち、この産業を生み出し、アメリカの誇る何十億ドルという産業にまで育て上げた血の通う人々の手から、現状を維持し、そこそこの未来を育てる人間たちの手へと移ろうとしている」

アップルは、スカリーの手で企業として成長こそしていたが、そこには革新はなかった。そしてこう締めくくっている。

「アップルを越えて道は続く」

やがてアップルに復帰したジョブズはチアト・デイ社と再契約、「Think Different」キャンペーンを行うことで、アップルのルーツに戻ることを高らかに宣言した。アップルは「管理者」の手を離れ、再び「開拓者」のものとなった。

033 パソコンを必要とする人はいなくなるだろう。すでに我々はその変化の中にいる。

「パソコンを必要とする人はやがていなくなるだろう。我々は長い間パソコンを使ってきた。パソコンは確かにすばらしいものだが、それさえも変化は免れず、これまでの利益構造も根底から変わっていく。すでに我々はその変化のさなかにいる。iPadがそれだって？　それはわからない。来年にかもしれないし、それとも5年後かもしれない」

2010年のD8カンファレンスで、ジョブズは予想されるライフスタイルの変化を示唆した。それは、やがて到来するポスト・パソコン時代のことだった。

アメリカが農業国だった頃、誰もがトラックに乗っていた。だが、人々が町に住むようになると、乗用車が普及していく。パソコンとはこのトラックのようなもので、乗用車に相当するものの登場とともに、必要とする人はどんどん減っていくのだ。

「やってくる革命を予期できたほど、みんなに先見の明があったわけじゃない。世の中には市場を研究し、経済の傾向を分析している賢い人たちがゴマンといる。IBM、ヒューレット・パッカードといった会社にね。そんな人たちでも誰一人として、何が起こるかわかっていなかった」

スティーブ・ウォズニアックはこういった。現状分析では未来を開けない。自己否定を含む絶えざるイノベーションだけが、未来への道を開くのである。

034 自前だからイノベーションを加速できる。

「自前のOS（オペレーション・ソフト）を持っているからこそ、イノベーションをさらに加速させることができる。デルやヒューレット・パッカードのようにマイクロソフトの仕事を待っている必要はない」

ジョブズがこういうのは、OSを含むソフトとハードは一体であるべきだと考えているからだ。だから、OSは他者から供給されるのでなく、自前で開発する。

自前のOSを持つメリットは、製品化にすぐに着手できること、消費者の視点から総合的に製品を検討できる点だ。iPhoneやiPodも、こうしたOSの応用だ。自社のOSがなければ、大ヒット製品は出なかったかもしれない。

　マイクロソフトは、アップルとは異なる戦略を展開した。ウィンドウズの使用許可をどのメーカーにも与えて業界の標準化を目ざしたのだ。アップルのような完璧なパソコンではなかったが、ハードの多様化が進み、パソコンの値段は下がった。

「優れたOSとそうでないOSがどう違うのかはわからない。ただ私にわかるのは、優れたOSをつくるには『もっといいものをつくれ』と技術者にいい続けるリーダーが必要だということだ」とは『ニューズウィーク』のダニエル・ライオンズの説だ。リーダーがいたからアップルは自前のOSを持ち、イノベーションを加速できた。

035 人間は創造的だ。つくる会社が考えつかなかったやり方で、ツールを使う。

企業は製品をつくる時、用途を十分に想定し、想定用途に応えられるように設計する。だが、時にユーザーは想定を超えた使い方をしたり、製品を使って新たなものを生み出すことがある。

1977年にアップルⅡを発表した時、パソコンで表計算を行うなどとは誰も考えていなかった。そんなソフトなど存在していなかった。ところが、79年にパーソナル・ソフトウエア（後のビジコープ）社長ダン・フィルストラが、マサチューセッツ工科大学の二人の学生がつくった「ビジカルク」というソフトを持ってあらわれた。数字データをセルや列、行に入力し、かけ合わせたり平均を出したり、月別販売額を表にするといった処理が可能だった。

ビジカルクはその後、表計算ソフトとして広く普及し、アップルⅡが一般家庭だけでなくビジネス界にも広まっていく強力な援軍となった。

コンピュータというツールがあれば、人間の創意工夫で創造的なことができることを、この経験からジョブズは学んだ。

「人間は元来、創造的な存在だ。ツールをつくる会社が考えもしなかったようなやり方で、ツールを使うんだから」

アップルとビジコープとの関係は決して友好的ではなかったが、コンピュータが創造性を刺激し、イノベーションをもたらすツールであることに変わりはなかった。

036 技術で世界が変わるわけじゃない。変わらないんだ。

「スティーブと一緒に最初のリサ（アップルのパソコンの一つ）計画を立てました。すごく興奮しましたね。これなら世界を変えられるって」

これはアップル草創期のマーケティングディレクター、トリップ・ホーキンズの言葉だ。彼だけでなく、当時のアップル社員は全員が「宇宙に衝撃を与えるほどのものをつくろう」というジョブズの言葉を信じ、「世界を変えるために」仕事をしていた。

だが、40歳になったジョブズは、コンピュータとテクノロジーについて意外な言葉を口にした。

「これで世界が変わるわけじゃない。変わらないんだ」

インタビュアーが「そんなことをいうと、みんながっかりしますよ」と応じたが、「悪いけど、それが真実なんだ。子どもを持って、そのあたりの見方が大きく変わったよ。人は、生まれ、ほんの一瞬生き、そして死ぬんだ。ずっとそうだ。これは技術じゃ、ほとんどまったくといっていいほど変えられないことだ」と続けた。

ジョブズはコンピュータで世界を変えることを目ざし、実際に変えてきた。その一方で、人生を深く考えるようになったのである。おそらくジョブズは、今では「世界を変える」ことはできないまでも「世界を少しましなものにする」ために挑戦を続けているのではないだろうか。

を

ジョブズ劇場4

どんな
歯車にも
スターの心
植える

037

惚れ込んでくれれば、おのずとうまくいく。

ジョブズは、スタッフのクォリティを高く保つことが自分の仕事だと、潔癖なまでに考える。だから、有能な人材獲得には、すさまじい執念を燃やす。

得た人材は、小規模なチームにしてモチベーションを高め、革新的なものづくりで達成感を満たす。その一方で、ストックオプション（自社株購入権）によって忠誠心をつなぎとめることも忘れない。

初代マック・チームから、ディズニーが欲しがり続けたピクサーの天才アニメ監督ジョン・ラセターに至るまで、ジョブズは常にそうやって最高の人材を確保してきた。さらに、こういっている。

「全員ひとかどの人物であるのはいうまで

もない。しかし、（人を見る時に）一番気をつかうのは、アップルという会社に惚れ込んでくれるかということなんだ。惚れ込んでくれれば、おのずとうまくいく」

相手が、ジョブズのためでも自分のためでもなく、アップルのためと考えるようになってくれれば、仕事は半ば成功するのだ。

ジョブズは人使いが荒い。ろくに話も聞かず、頭ごなしに無能呼ばわりすることもある。だが、それによって自分の才能に気づいて開花した人も少なくない。

「スティーブは質にこだわるから妥協を拒むこともある。だが結果はきちんと出す」

オラクルのラリー・エリソンのジョブズ評は、その人材観もいい当てている。

038

命令では生産性を上げられない。最善を尽くせる手段を与えることだ。

ジョブズが復帰した時のアップルは、かつての栄光とはほど遠く、長い間「負け犬」といわれ続ける悲惨な状態にあった。パソコンのシェアは他社に次々と抜かれ、マイクロソフトが業界の覇者として君臨していた。アップルが話題になるのは、CEOの交代や身売り話だけだった。

しかし、そんなアップルにも、ジョブズから見て「死んでも雇いたくなるような」Aクラスの人材がまだ残っていた。ただ、経営陣が彼らの能力を引き出せなかっただけだ。経営陣の誰一人として独特の企業文化を持つアップルを御せなかったのである。

「命令によって生産性を上げることはできない。人々が最善を尽くせる手段を与えなければならない」

　ジョブズはアップルに平等主義を導入しようとした。その一つが社員のストックオプションを13ドル25セントに再評価する提案だった。役員たちはいっせいに反発したが、ジョブズはひるまない。承服しない役員に激しく辞職を迫った。こうして、２名を除いて役員全員が辞職する。

　その中にアップルの共同創業者マイク・マークラもいた。マークラにはジョブズが個人的に引導を渡したというが、初めて二人が会った日から20年が流れていた。

　それだけの幹部リストラをしてまで、ジョブズは人材を活かしたがったのだ。社員の心が一つにならないわけがなかった。

039

君のチップが取って代わる。君の仕事が世間に知られるようになるんだ。

ジョブズはリサやマックを成功させるために、先進的な研究をしていたゼロックスから大勢の技術者をスカウトしている。マイク・マレーは、時に挑発し、時に甘い言葉を使うジョブズのスカウトぶりを「誘惑そのものだ」と評している。

技術者の一人マーチン・ヘイバリは、当初はアップルへの転職を拒んだ。だが、ジョブズは彼の意向を無視して研究室に案内し、デジタル・ボードを見せながらいった。

「考えてごらんよ。君のつくるチップがここにある全部のチップに取って代わるんだ。僕らが送り出すマシンのことを考えてみるんだ。君の仕事が世に知られるようになるんだから」

それでもイエスといわない彼に、ジョブズはさらなる攻勢をかけた。カスタム・チップを仕上げたらボーナスを出すこと、その一部を前金にする申し出だ。ヘイバリが車を欲しがっていると知っていたジョブズは「これで車が買えるね」と付け加えた。ヘイバリの心が決まった瞬間だった。

こう振り返っている。

「彼の魅力に引かれたんです。でも、どこまでが本当で、どこまでがつくり物なのかわからないですね。人の求めているものをずばり見抜いて、それを約束するという彼の才能は大したものですよ」

ヘイバリはわずか4カ月という期限でチップの製作に取り組むこととなった。

040

こいつは大したもんだよ。つくりたいというわけかい？

アップルを成功へと導いたのは、アップルⅡだった。その後継機の中では、1983年にリサと同時発売されたアップルⅡeが、7万5000台を1カ月で売り上げるなど、出色のできだった。

ジョブズは、アップルⅡeを成功させたチーフ・エンジニア、ピーター・クインに一目置くようになる。そのクインの部屋に、ある日ジョブズが飛び込んできた。そして、回路ボードの一つをクインの机の真ん中に放り出すなり、横柄にいった。

「こいつは大したもんだよ。つくりたいというわけかい？」

ジョブズの扱いに慣れていたクインは、横柄さは興奮の裏返しだと察し、自分も興奮を隠し切れない口調になって答えた。

「もちろんだとも、スティーブ。もう半分でき上がっているようなものだよ」

「すごい。それじゃ仕上げてくれ」

といってジョブズは部屋を出て行った。ⅡeのⅡの次世代機種アップルⅡcの開発が決まった瞬間だった。cはコンパクトの頭文字であり、アップルⅡcはソニーのウォークマンのサイズを意識していた。

ジョブズは、ケースのデザインをウォークマンを手がけたデザイナー、ハルメット・エスリンガーの会社に依頼する。そしてアップルⅡcは大成功を収めた。

ジョブズとAクラスの人材との「瞬間勝負」を示すエピソードの一つである。

041 君の自信はどうしたんだ？これは君の芸術なんだよ。

これはと見込んだ人材を前にすると、ジョブズは真骨頂を発揮する。その天性の人材好きと「人たらし」の言葉は、すでに創業時にスティーブ・ウォズニアックに向けて放たれていた。

ジョブズより4歳年上のウォズニアックは、ヒューレット・パッカードで働き続けながら、アルバイト感覚で好きなコンピュータをつくりたかった。だがジョブズは彼に、退社してアップルに専念することを強く迫って、こういった。

「天才としての君の自信はどうしたんだ？いつまでも人を面食らわせて面白がっているんじゃなくて、もっと広い社会を相手にしようじゃないか。パソコンで大型コンピュータに戦いを挑もうよ。パソコンのジャンルをつくり出したのは君じゃないか。これは君の芸術なんだよ」

それでもウォズニアックは迷っていたが、ほどなく親や親族に説得されて専念を決意する。ジョブズが、ウォズニアックの親や親族に説得電話をかけまくったのだ。

ただし、マイク・マークラが参加する前のアップル発起人だったロン・ウェインは、同じく共同経営を持ちかけられ、海のものとも山のものともわからない新会社アップルの危うさにたじろぎ、見切りをつけて去っている。後にこう語っている。

「僕は破産するか、共同墓地で一番の金持ちになるかのどちらかだった」

042

「有給休暇」が終わったら、戻ってこいよ。

ジョブズが経営する前のピクサー（ルーカス・フィルム社の一部門）を率いていたのは、エド・キャットムルとアルビー・レイ・スミスだ。

アルビーは、ニューヨーク大学助教授を経て、ゼロックスのパロアルト研究所でアートとコンピュータが融合したマシンに出会い、コンピュータ・グラフィックス（CG）によるアニメーションを目ざすようになる。やがてキャットムルと出会い、『トイ・ストーリー』を制作するのである。

だが、ほどなくアルビーはピクサーを離れる。原因はジョブズとの確執だ。ある会議でアルビーがジョブズのホワイトボードに何かを書き込もうとした。そんなささいなことでジョブズは感情を爆発させ、アルビーは辞めることになってしまったのだ。

その後アルビーはアルタミラを創業し、さらにマイクロソフトの特別研究員となる。そのアルビーが『バグズ・ライフ』の試写会に顔を出した時、ジョブズが声をかけた。

「そこでの『有給休暇』が終わったら、ピクサーに戻ってくるとよい」

それまでアルビーは「自分の人生から、ただもうスティーブを締め出したかった」と思っていたが、その日は「そういうこともあるか」と素直に感じたという。ジョブズは最悪のボスだったが、同時にCGの夢をかなえてくれた恩人でもあり、なぜか縁の切れない人物でもあったのだ。

043

やりたいのは本当にこんなことか。

ジョブズのマネジメントの特徴は、優秀な人材にノーを突きつけることで、さらに能力を引き出す点にある。「かなりの成果」では許さず、絶対にいいもの、本当に納得のいく結果を求めるのだ。そうすることで人は限界を上回る仕事ができるというのがジョブズの考え方だった。

ピクサーでは、妥協を許さない仕事を指揮しているのはジョン・ラセターだ。ラセターのこだわり、徹底ぶりがピクサー映画を最高のものにしている。だが、それでもジョブズは檄を飛ばす。

ラセターによると、ジョブズがアニメーションをどのくらい理解しているかはわからないが、毎月作品のラッシュを見て進捗状況を確認しているという。そして、少しでも手抜かりがあると見抜くという。

「ちょっとでも手抜かりがあると、鋭い嗅覚でそれを見抜いては『お前たちがやりたいのは本当にこんなことか』と聞いてくる。そして、妥協して後悔しないよう、本当に満足するまで徹底的につくり込むように皆を諭して帰るのだ」

そうラセターはいっている。

「急いでできそこないを発表するよりは、期日を遅らせるほうがましだ。だが、期日を遅らせるつもりはない」というのは、マック・チームの合宿で、ジョブズが掲げたスローガンの一つだ。両者には、絶対に妥協しない厳しさが共通して流れている。

044

3カ月やろう。その間に、僕が間違っていたということを証明してみたまえ。

ジョブズは専制君主ではあるが、一方で自分に歯向かうガッツのある人間を好む。ただし相手が多大な貢献をしてくれたり、自分が一目置く人間であるという条件つきだ。そうでない人間が口答えした場合は、会社を去る運命が待っている。

アップルの天才プログラマー、ビル・アトキンソンは、ジョブズが「一目置く」人間だが、そのきっかけはアトキンソンがプログラミング言語のPascalをアップルⅡで使えるようにしたことだった。

当時、アップルⅡに使われていた言語はBASICとアセンブラだった。アトキンソンはジョブズにPascalを使えるとアップルのためになるし、短期間でやってみせると願い出た。ジョブズは冷ややかだったが、チャンスを与えることは忘れなかった。

「アップルのユーザーはBASICとアセンブラでしかプログラムをつくらないよ。でも、3カ月やろう。その間に、僕が間違っていたということを証明してみたまえ」

アトキンソンは、何かをやるとなると昼も夜も週末も無視して突き進むタイプだった。3カ月より短い期間でPascalを使えるようにしてみせたのだ。

ジョブズは「できるかできないか」ではなく、最初から「できる」と信じて突き進む人間が好きなのだ。そんな人間を挑発し、能力を120パーセント引き出すのがジョブズの得意技である。

045 よし、ちょうど下働きの人間が欲しかったところだ。

ジョブズという人間を「挑発上手」だと表現してもいいだろう。挑発は、スカウトしたり、配下にしたりする時のジョブズの常套手段の一つである。

たとえばこんな話がある。アップルに復帰したジョブズは、社内を歩き回っていて、ギル・アメリオのアシスタントだったジム・オリバーに声をかけた。

「ここで何をしているんだ」

「片づけです」

「仕事がないからか？　よし、ちょうど下働きの人間が欲しかったところだ」

オリバーは、何と奇妙な誘い方だろうと感じたというが、同時に伝説的な人物のために働けるチャンスの到来を喜んだ。こうして、名門ペンシルバニア大学ワートンビジネススクール卒のMBAは、ジョブズのアシスタントになったのだ。

ジョブズのいう下働きとは、1章でふれた製品や組織の選択と集中について、会議にともに出席して記録をまとめることだった。ジョブズは感情の爆発を起こすことはなく、ただ、「製品数を半分にしろといわれたらどうする」「金はいくら使ってもいいとしたら何をしたい」などと質問し、答えが不十分だったら、容赦なかったという。

その間、ジョブズ自身もメモは取らなかった。「スティーブはそれだけのことを頭の中にしまい込む能力を持っていました」とは、オリバーのコメントだ。

046

10秒早く起動できるようにすれば、何十人もの命を救えるんだぞ。

ジョブズのことを「レトリック上手」だということもできる。彼の言葉の不思議な力について、マックのマーケティング担当ジョー・シェルトンはこういう。

「いう通りにするのは無理だって頭ではわかるんだ。でも、どうしても実現したいという気持ちにさせられ、そのうち、信じるようになってしまうんだ」

シェルトンは、ジョブズからある目標数字を聞いた時、ばかげていると思った。だが、2、3カ月とたたないうちに、自分も同じことをいっているのに気づいたという。

ジョブズはマック・チームにも魔法をかけた。「マックの起動は遅すぎる。もっと早くしないとな」と注文をつける時、数年のうちに５００万人が１日１回はマックを起動することになるとして、こう説いた。

「起動時間を10秒削ることができたとしよう。それが５００万人分だから、１日ごとに５０００万秒にもなる。１年だと、たぶん人間の寿命の何十倍にもなるだろう。考えてもみろよ。もし10秒早く起動できるようにすれば、何十人もの命を救えるんだぞ。そうする価値があるだろう、そうは思わないか？」

そう説得力のある論理だとは思えない。しかし、以後、チームはソフトウエアを高速にしようとする取り組みを続け、２、３カ月後には10秒以上短縮することに成功していたという。

047 自分はすごい奴だと思うか？

アメリカの企業の新入社員面接では、厄介な質問や難解な問いかけがぶつけられるのが通例だ。

マイクロソフトでは、アメリカにガソリンスタンドがいくつあるかなどと聞かれる。数字を知っていることが重要なのではない。人口や車の保有台数などから概算できるかを試すのだ。

ジョブズもよく意図不明な質問をした。「なぜカフスボタンをつけているのか」「自分はすごい奴だと思うか」「君が自分のことをわかっているなんて、どうやって信用できる？」「あなたは童貞ですか」などだ。切迫した状況でどう振る舞うか、信念や誇りを持っているかを知るのだ。

サン・マイクロシステムズからの転職を希望した女性人事担当役員は、ジョブズとの面接で、さっそくこういわれた。

「サンはよい会社だ、でも『サンはアップルではない』。自分なら候補者リストからはずしていただろう」

さらに彼女は、質問をはねつけられたあげく「人事担当者ってのはどうしてこうも使えないんだ。月並みな考え方しかできない奴ばかりだ」といわれ、うちひしがれるばかりだったという。彼女には、「スティーブが太陽に向かって叫んでも、太陽が早めに沈むことはないからね」と軽く受け流せたバド・トリブル（マックの主要開発者の一人）の図太さが必要だった。

048

僕はゼロ株だけあげるよ。

どれだけ計算に基づいているかはわからないが、ジョブズは冷酷に振る舞うこともしばしばだ。

たとえば1980年に株式公開をして、巨額のストックオプションを手にした時もそうだ。ジョブズとウォズニアックの態度は対照的なものだった。

ウォズニアックは「ウォズプラン」と称して、富の分配にあずかれない社員にも気前よく自分の株を分け与えた。それに対し、ジョブズは「ウォズはみんなにいいようにされたというわけさ」と冷ややかだった。それだけでなく、率先して株を与えていいはずの人間に渡すことも拒んだ。

大学時代の友人で一緒にインドまで旅し

た社員ダン・コトケさえ、ストックオプションについてジョブズに尋ねると「上司に相談しろ」と片づけられた。見かねた古参技術者ロッド・ホルトが「二人で持ち株を出そう。君が何株かコトケに分けてあげれば、僕も同じだけ出す」と提案したが、ジョブズはこう突き放した。

「そいつはいい考えだ。僕はゼロ株だけやるよ」

コトケはこう嘆いた。

「僕は実験室での仕事に没頭していた。世間知らずだったのさ。いい仕事をしていれば、そのうち報われると思っていたんだ」

ただ働いているだけではダメで、成果は自分で証明しなければならないのである。

ジョブズ劇場5

たった一言で力関係を築く

049 やあ、君は地球で一番売れっ子だと聞いたんだけど。

ジョブズは交渉にとても巧みだ。その駆け引きの技術にはいくつかのポイントがあるが、共通していえるのは、相手が一流であるほど手腕がさえることだ。

たとえばネクスト創業時のロゴ制作がそうだ。候補のデザイナー4人は誰も気に入らず、IBMのロゴを手がけた実績も持つ巨匠ポール・ランドをこう口説いている。

「やあ、君は地球で一番売れっ子のデザイナーだと聞いたんだけど」

何ともすごい言い回しである。

ランドもしたたかだった。10万ドルの前払いと、デザインは1種類しかつくらず、たとえ気に入らなくてもやり直しはしないといった条件を提示した。ジョブズは受諾し、ランドのロゴを気に入って採用した。

依頼するならナンバーワンを選び、意表を突く言葉で心をつかむのは、アップル創業時からの変わらないスタイルだった。

ちなみにジョブズは取引先に対して極端な値引きを要求するなどお金に細かい面があるが、会社のロゴなどこだわる部分にはお金を惜しまない。

アップルは、昔は少しかじったりんごに緑、黄色、橙、赤、紫、青のストライプを加えたロゴだった。それぞれを細い黒線で区切れば印刷時の色合わせが楽だが、ジョブズはそれを拒否、当時の社長マイク・スコットが「これまでデザインされた中で最も高価なロゴ」といったロゴが誕生した。

050

私はよく働く。損はさせない。約束できるのはそれだけさ。

「私はよく働くし、給料も受け取ってはいない。株主に損はさせていない。約束できるのはそれだけさ」

このレトリックは巧みだ。謙虚なようでいて、強引に自分をアピールしている。

ジョブズのがむしゃらな働きぶりと、世界で一番年俸の安い1ドルCEOであることは有名だ。だが、実は1ドルCEOはそう珍しい存在ではない。グーグルのエリック・シュミット、オラクルのラリー・エリクソンなども、みんな1ドルだ。おそらく、1ドルも返上したいが、社会保障を受けるために形だけの収入としている点も同じはずである。

その中でジョブズが特に有名なのは、ギ

ネスブックが認定しているからだ。こうしたイメージづくりにも、抜け目のない手腕がうかがえる。

そもそもジョブズの保有株はアップルで550万株。ディズニーでは1億3800万株に及ぶ。さらにピクサーのCEOでもあり、各種の特典もあって、報酬の多寡《たか》はあまり意味をなさないのだ。

アップルに復帰した当初は特別顧問で、CEOの就任は固辞して「暫定」にとどまる。自分の本業はピクサーの経営だといい続け、2000年になるまでこの肩書きをはずそうとしなかった。そこにも、考え抜かれたイメージづくりがうかがえる。それとも、期せずしての印象づけなのだろうか。

051

じっくり検討すれば、それ以上のものが欲しくなるはずだ。

ギル・アメリオがアップルのCEOに就任した時、経営状態は「もう持ちこたえられない。身売りするしかない」という危機にあった。だが再建屋アメリオは、ナショナルセミコンダクターを5億ドルの赤字から救ったように、アップルも救ってみせると意気込んでいた。そして、とりあえず赤字の垂れ流しは止めた。

彼が次に取り組んだのは、ウィンドウズに対抗できる新しいOSの開発だった。だが、アメリオの手腕もそこまでだった。社内の人材を思うように動かせず、開発が無理と判断して外部に求めた。

候補の中から最後に残ったのがジャン＝ルイ・ガセーのビー社と、ジョブズのネクストだった。ビー社に勝つためのジョブズのセールストークは完璧だった。

「じっくりと検討すれば、ネクストのソフトウエアだけでなく、それ以上のものが欲しくなるはずです。会社全体、社員全体を買い取りたくなるでしょう」

ジョブズの圧勝だった。アメリオは優れたOSと同時に、ネクストの5000万ドルの売上、300人の優秀な社員、そしてジョブズが手に入ることを素直に喜んだ。

「この魅力的な若者が前面に出て、信者たちを取り仕切ってくれると思った」

アメリオはジョブズを復帰させ、アップルが持っていた熱気と栄光を取り戻す。ただし、それは自分の首と引き替えだった。

052

だけど僕らには足りないものがあります。力を貸して下さい。

自分にないものは他から調達するのがジョブズだ。その時は思い切り謙虚になるのも、口説きの技術である。

「だけど、僕らには足りないものがあります。強力なマネジメント能力と資金力です。この二つが欠けているために、僕たちはせっかくつかみかけているチャンスを前に足踏みしているのです。マイク、あなたの力を貸して下さい」

率直で、妙に説得力のあるこの言葉は、ジョブズがマイク・マークラをアップルの共同創設者に誘った時のセリフだ。

ジョブズもウォズニアックも、経営と資金調達は、相応の人物に任せたいと願っていた。マークラは、フェアチャイルド時代にはマネジメント能力の評価が高く、しかも同社やインテルのストックオプションで財産を築いていた。さらにシリコンバレーを制する野心も抱いていたのだ。

その野心は、ジョブズの話を聞いて金鉱に遭遇した確信に変わった。マークラは共同創設者となり、個人資産を投じた。

「金儲けをして逃げるアップルにはしない。我々は初めから1000億ドル企業のように事業を開始したのだ」

マークラの言葉に嘘はなかった。アップルⅡの爆発的なヒットで、創業3年目にしてアップルは株式を公開、その日に時価総額10億ドルに達するというアメリカン・ドリームを実現したのだった。

053

彼がいる限り、絶対に契約は結ばない。

ジョブズは若い頃から、相手がどんなに巨大でも、手ごわくても、気おされることはなかった。自分が不利であるほど闘志を燃やして立ち向かってきた。ハリウッドの巨大企業ディズニーに対しても、天才監督ジョン・ラセターとピクサーを武器に、何度も大立ち回りを演じている。

最初の契約ではディズニーの資金とノウハウを獲得し、『トイ・ストーリー』を成功させた。二度目は、その契約が不平等だとして、契約期間中にもかかわらず破棄、有利な条件に書き換えさせている。三度目はディズニーCEOマイケル・アイズナーとの正面衝突だった。ジョブズは突然、ディズニーとの契約交渉を打ち切り、創業者一族のロイ・ディズニーに宣言した。

「アイズナーがいる限り、絶対に契約は結ばない」

「帝王」と呼ばれたアイズナーとジョブズは暗闘を続けてきた。それに終止符を打つ一言だった。アイズナーがロイと不仲であること、ディズニーにはピクサー作品以外にヒットのないことも織り込みずみだった。ロイはこうジョブズに答えたという。

「悪い魔女が死んだら、また一緒になろう」。

こうしてアイズナーはCEOを辞めさせられた。ほどなくディズニーはピクサーを買収、ジョブズはディズニーの大株主となり、ジョン・ラセターらがディズニーのアニメーション部門を率いることとなった。

054

折半にしないなら、全部持ってけよ。

時には捨て身になり、時には相手を思いやるふりを装うジョブズの交渉力は、天性のものかもしれない。

1976年、ジョブズがスティーブ・ウォズニアックらとアップルを設立した時は、二人とも副業のつもりだった。状況が変わったのは、パソコン販売店主ポール・テレルが50台ものアップルⅠを発注してからだ。結局アップルⅠは年末までに150台を販売、10万ドル近い収入になった。

それを見たパソコン会社コモドールが、アップル買収を申し出る。ジョブズが出した条件は、現金10万ドルとコモドールの株、そして自分たち二人に年俸3万6000ドルだった。だが、これをめぐって二人はもめる。強硬だったのはウォズニアックの父親ジェリーで、「君なんか1セントだってもらえる資格はない」とジョブズを非難した。ジェリーにとってアップルIは息子の功績であり、「裸足で薄汚い髪をしたずっこけ野郎」であるジョブズは、何もしていないに等しかった。努力をみくびられたジョブズは、こういい放つ。

「ウォズ、折半にしないなら、全部持ってけよ」

もう少しで二人の関係は終わるところだった。だが、最終的にはジョブズの「コモドールはくさい」という直感がものをいって買収話はご破算となった。アップルの存亡がかかった捨て身だったといえる。

055 ならば法律を変えてやろうじゃないか。

アップルが成長した背景の一つに、アップルⅡが教育界というジョブズ自身が好きな市場に広く受け入れられたことがある。

ある日ジョブズは、教育界への売り込みに力を入れていたマーケティング・マネジャーのフィル・ロイバルに、こう提案した。

「なあ、もう学校にコンピュータを置いてもいい頃だよ。今やるべきなんだ。子どもたちは待てないからね」

そして、アメリカ中の学校にコンピュータを1台ずつ贈るというアイデアを興奮気味に話した。宣伝にもなるし、税の優遇措置も受けられるというのだ。

すばらしいアイデアだった。ただ、欠点

があった。税の優遇措置を受けられるのは原材料の分だけだったのだ。

ロイバルがそう指摘すると、即座にジョブズは反論した。

「ならば法律を変えてやろうじゃないか」

ジョブズはすぐ行動に移した。偶然同じ飛行機に乗り合わせたカリフォルニア州選出の下院議員ピート・スタークに熱弁を振るい、「子どもたちは待てない」と法案を提出させている。これは通過しなかったが、カリフォルニア州議会に同様の法案が提出されて成立、1982年夏には9000台のアップルⅡがカリフォルニア州の学校に配られている。自分の夢を現実に邪魔させないというジョブズの強さである。

056

アップルはバンク・オブ・アメリカと同じくらい安全だ。

ジョブズは、はったりでも有名だ。たとえばアップルに復帰してマイクロソフトに提携を持ちかけた時は、デスクトップのシェアがビル・ゲイツ97%、ジョブズはわずか3%なのに、ゲイツに「二人で100%を押さえている」、だから提携しようと説得している。ゲイツは「売り込みの天才だ」と嘆息したという。

アップルの草創期からこうだった。後に古参社員となるロッド・ホルトに、静粛性を実現する新しい電源装置の開発を依頼した時がそうだ。ロッドの「1日200ドルくれればね」という要求に「いい値で払うよ。問題なんかないさ」と答えている。ロッドは「彼にだまされて働いたようなものだ」と回顧しているから、実際には額面通りには支払われなかったに違いない。

アップルⅡを入れるプラスチックケースのデザインを依頼したジェリー・マノックの「1500ドル」という支払い要求にも、こう大見得を切っている。

「アップルは間違いなく金を払うし、バンク・オブ・アメリカと同じくらい安全だ」

当時のジョブズにお金はなかった。それをアメリカ最大級の金融機関と比べたのだから驚きだ。ただ、ジョブズにはアップルⅡを自分の思い描く姿につくり上げるという強い意志があった。はったりと交渉力で、プロを一人また一人と口説いて、アップルⅡをすばらしい姿に仕上げたのである。

で

ジョブズ劇場6

転んだ両手金貨をつかむ

057

巨大な樫の木には同じくらい大きな根がある。私たちはその根を育ててきた。

失敗するたびに大きく成長する。それが、ジョブズに限らずあらゆる成功者に共通の条件のようだ。

ジョブズが創業したネクストとピクサーは苦戦続きだった。ネクストは、ハードで失敗した。ネクストコンピュータは斬新ではあったが、パソコンとしては高価格、ワークステーションとしては力不足だった。ある記者が「それでも社員を４００人も抱えているのはなぜか」と質問したところ、ジョブズはこう答えた。

「当社は巨大な樫《かし》の木を育てているようなものだ。樫の木の下を見てみると木と同じくらい大きな根が見えるはずだ。私たちはその根を育ててきた」

この発言を、ある新聞は「ものはいいよう。ハイテク・マーケティングの大家スティーブ・ジョブズのお陰で、昨日は英語表現がさらに味わいを深めた」と評した。

しかし、ジョブズが育てた根はやがて大木となった。ネクストのソフト、ネクストステップはジョブズをアップルに復帰させる原動力となり、マックOSX《テン》に発展した。また、ジョン・ラセターが「最初の10年で、スティーブのお金をたくさん失った」と嘆いたピクサーもヒットメーカーとなった。初期のアップルは根を張る暇もないほど急成長したが、復帰後のアップルとピクサーには根が育っている。それが、ヒットの連発へとつながっているのだろう。

058

我々は完璧ではない。だが、みなさんを幸せにしたいのだ。

発売3日で170万台と驚異的に売れたiPhone4に不具合が見つかった。アンテナの設計が原因で、左手で持つと通話が途切れてしまうのだ。

アップルには、トラブルを起こした経験がほとんどない。そのせいか、自分の誤りを認めることがあまりうまくない。iPhone4のトラブルを指摘された時も、当初はスマートフォン一般の問題としたため、他の競合会社を激怒させ、さらに批判を浴びてしまった。

ついにジョブズ自らが緊急記者会見で説明しなければおさまりがつかない事態になった。これまで情報公開には慎重だったアップルが初めて開いた記者会見だった。

会見で、ジョブズはこうミスを認めた。

「我々は完璧ではない。電話も完璧ではない。私たちもあなたたちも、そのことはわかっている。だが、アップルは利用者のみなさん全員を幸せにしたいのだ」

もちろんこれで問題が解決したわけではないが、問題は一気に終息に向かっていく。

「アップルにとって非を認めるということには大きな意味がある。同社は他のどのハイテク企業より完璧を目ざして奮闘してきたし、何年にもわたって驚くほどの頻度でその目標を達成してきた」

オンライン雑誌『スレート』のファーハッド・マンジョーは、会見に関してこんなコメントをアップしている。

059 仕事が止まった時、頭を切り替える勇気がなかったら、会社は存在しなかった。

「ストーリーに煮詰まって5カ月間仕事が止まった。だが、あそこで頭を切り替える勇気がなかったら、『トイ・ストーリー』という映画はもちろん、ピクサーという会社も存在はしなかった」

この5カ月のピンチを、ジョブズは「物語づくりの瀬戸際」と呼ぶ。瀬戸際を経て1995年のクリスマスに封切られた『トイ・ストーリー』は、興行成績1位、アメリカだけで1億9179万ドルの大ヒットとなった。

これを追い風にピクサーは株式公開にこぎつけ、ジョブズは10億ドル長者になる。アップル時代でもなかった破格の成功だ。「ジョブズがそれまでで最大の大当たりをとったのが、関わりが最も薄かった会社だというのは、皮肉といえばいいのか、ばかばかしいといえばいいのか」

『PCレター』編集長デビット・コールゼンはそういうが、瀬戸際を経ての成功は、経営者としてのジョブズの成長をもたらした。他人をより信頼するようになり、物事を長期的に考えるようになったのだ。

何より忍耐を学んだ。もともと、ネクスト創業は世間に注目されたが、ピクサーは注目されなかった。にもかかわらずジョブズは10年間、ピクサーに計5000万ドルの資金を投じ続けたのだ。あきらめなかったことが、ディズニーとの提携をも招き寄せたのだといえる。

060

ただ数字を見るのでなく、アイデアと人間の質を評価するのだ。

金融機関が売上や利益だけを見て融資するとしたら、ベンチャー企業は融資を受けられないだろう。本田技研の創業期、ある銀行マンが「ホンダには貸せないが、本田宗一郎と藤沢武夫には貸せる」と融資を実行したが、融資や投資には、そういう眼力が欠かせない。

ネクスト創業時、ジョブズには豊富な自己資金があったが、一方で投資家からも資金を引き出している。あるテレビ番組でジョブズに惚れ込んだロス・ペローは、すぐにこう電話をかけた。「いつか投資家が必要になったら、電話をくれたまえ」。

ほどなくジョブズはネクストにペローを招く。苦戦中の財務内容を詳細に検討されたら投資話はお流れだ。だがジョブズは驚くことに、２０００万ドルもの投資を引き出す。そしてペローの投資をこう評した。

「彼はただ数字を見るのではなく、最も重要なこと、すなわち覆いの下をのぞいて、アイデアと人間の質を評価することを決めたのだ」

ペローもネクスト社員にこう期待した。

「私はジョッキー（ジョブズ）を選ぶ。ジョッキーは馬（社員）を選んで、それに乗る。君たちは私が賭けている馬なんだから、君たちが答えを出すんだ」

結局、投資はペローに何ももたらさなかったが、アップルに復帰したジョブズは、優秀なジョッキーであることを証明した。

061

CEOには気品が備わっているべきだ。

ジョブズ復帰当時のアップルは本当にひどい状態で、「戻った最初の半年は荒涼としたもので、僕でさえ、あきらめようかと何度も思ったくらいだ」と述懐しているほどだ。とはいえ、それを他人からいわれると腹が立つ。ましてライバルとして確執が続くデル・コンピュータCEOマイケル・デルなら、なおさらだ。

ジョブズがアップルに復帰した1997年頃のデルは、急成長を続ける業界最大手だった。同年のシンポジウムで「ある朝、目を覚ますとスティーブ・ジョブズになっていたらどうするか」と問われたデルは、数千人の業界関係者の前でこう断言した。「僕なら会社（アップル）をたたんで株主に金を返すね」

ジョブズはデルに怒りのメールを送る。

「CEOには気品が備わっているべきだと思うよ。君にはあてはまらない意見だろうけどね」

ジョブズは、部品を組み立てるだけのデル・コンピュータやコンパックは、世界にこれ以上必要ないと考え、彼らを追い落とす準備を進めていた。製品ラインを絞り込み、生産方式にも手を加えた。皮肉にも、デル・コンピュータがトヨタ生産方式を参考につくった受注生産方式をアップルに導入したのである。そして9年後の2006年、アップル株の時価総額は、デル・コンピュータを超えた。

062

社員を奮い立たせられる人物は一人しかいない。

1993年のマイケル・スピンドラーのCEO就任から、アップルの衰退は速度を増した。買収や合併の噂が飛び交い、次のCEO探しが始まる。

候補者の一人が再建屋ギル・アメリオだった。アップルファンだった彼は、取締役就任を喜んで承諾、1996年に正式にCEOに就任する。だが、その少し前にアメリオはジョブズから、アップル復帰を後押ししてほしいという依頼を受けていた。

「アップル社員を奮い立たせられる人物は一人しかいない。アップルを立て直せるのは、その一人だけなんだ」

「一人」とはもちろんジョブズ本人だ。この言葉は間違ってはいない。アップルには創業者ジョブズが植えつけた独特の文化、社風があり、一般的な敏腕CEOくらいでは手がつけられない厄介さがあった。

　マーケティング・コンサルタントのレジス・マッケンナはアップルを「イタリアによく似ている。創造性に富んでいるのだが、混沌としている」と評した。また、経営のプロであるジョン・スカリーまでも「アップルを運営できる人間なんていないと思う」と嘆いている。

　とはいえ、その「一人」も当時は再生の処方箋を持っていたわけではなかった。ただ、失地回復のためにあらゆる手は打っていた。やがてジョブズは復帰し、アメリオは逆に追い落とされていく。

063

タンカーの進行方向を変えるようなものだ。ろくでもない計画がたくさんあった。

アップルに復帰したジョブズは矢継ぎ早に改革を行ったが、中でも力を入れたのが製品の大幅な絞り込みだった。

かつて総合商社、総合電機メーカー、百貨店などが力を振るった時代があった。だが、どれだけ多様な製品を揃えようとも、その中にトップシェアのもの、マーケットリーダーとなるものがなければ、市場での優位は保てない。

当時のアップルには40種類の製品があったが、これというものがなかった。ジョブズは最終的に4つの製品に絞り込んだ。

「大きなタンカーの進行方向を変えるようなものだ。中止すべき、ろくでもない計画がたくさんあった」

同時に組織の徹底的なスリム化をはかった。絞り込んだ製品に、数少ない優れた人材を集中させたのだ。

楽な仕事ではなかった。互換機市場の切り捨ては激しい反発を招いたし、個人用携帯情報端末（ＰＤＡ）ニュートンの中止は熱狂的なファンのデモ行進に発展した。

あまりに焦点が狭まってしまい、消費者離れを起こすと心配する声もあったが、ジョブズは、この選択と集中によって、利益を生みつつ新製品を世に出す力を手にしていく。ｉＭａｃ発表の日、ジョブズはこう宣言した。

「この会社は再び偉大になれるし、我々はまさにその方向に向かっていると思う」

064 もし捨てたら、世間は拍手するでしょう。

進行中の製品やプロジェクトを打ち切るのは勇気がいる。たとえ状況が激変しても、トラブル続きでも、「ここまでがんばったんだ。もう少しだけ」「会長のお声がかりで始めたんだぞ」などと理由をつけて周囲や現場は続行しようとする。

アップルへの復帰を進めていた頃、ジョブズはギル・アメリオにこんな提案をした。

「ニュートンを抹殺すべきだと思う」

ジョン・スカリーの肝いりで始めたニュートンは、PDA市場の開拓には貢献した。だが、5億ドル近い経費をかけながら販売面では成果を上げられないという厄介な存在だった。アメリオが「事業部の閉鎖には多額の費用がかかる」と反論すると、ジョブズはこういった。

「いくらかかるかなんて、どうでもいい。もし捨てたら、世間は拍手するでしょう」

アメリオは納得せず、この時はニュートンは生き延びた。だが、ジョブズはアップルのトップに復帰すると打ち切りを断行した。アップルを成長軌道に乗せるためには集中が必要だったからだ。

多くの人間はこの決定に疑問を呈したが、ジョブズに代わってCFO（最高財務責任者）フレッド・アンダーソンが説明した。

「材木よりも1本の矢を大切にしたほうがいいってことだよ」

周囲の疑問は、アップルが連続黒字を計上することで払拭《ふっしょく》され、拍手へ変わった。

065

変革はトップから始めなければ。

ギル・アメリオの追放直後の1997年マック・ワールドで、ジョブズは衝撃的なニュースを二つ発表した。

一つはアップルとマイクロソフトが特許のクロスライセンスと技術開発契約を結ぶことだった。スクリーンにビル・ゲイツが映し出されると、マック・ファンの悲鳴や怒声が沸き起こった。

もう一つは、アップルの取締役会に大規模なリストラが行われたことだ。こちらは盛大な拍手で迎えられたし、ジョブズ自身も取締役会には失望しか感じていなかった。実際、アップルにネクストを売却した時にジョブズは大量のアップル株を手にしたが、「売らないでほしい」というアメリオの願いを無視してさっさと売却している。

「アップルの取締役会が何らかの対策を講じるという希望がほとんど持てなくなっていたからだ。株価が上がるだなんて思ってもみなかった」

リストラは、2名を除いた役員全員が辞めるという厳しいものだった。この時に、ジョブズの恩人ともいえるマイク・マークラも辞めたのは4章でふれた通りである。

ジョブズはこうして、アップルの舵を握るのは自分一人だと内外に示したのだ。

会社の業績を決定的に左右するのは、社員の能力ではない。トップの能力ひとつなのだ。ジョブズは「変革はトップから始めなければならないと思う」といっている。

066 1万人の凡庸な社員がいて、みんな一掃する必要がある。

「アップルには1万人の凡庸《ぼんよう》な社員がいて、みんな一掃する必要がある」と復活したジョブズは慨嘆《がいたん》した。当時、アップルの社員は1万人足らずだ。つまり、凡庸な1万人とは全社員を意味していた。

ひどい決めつけに聞こえるが、ジョブズにとっては、不在の10年間に「僕のアップル」をめちゃめちゃにした連中は、誰であろうと間抜けどもだった。

「アップルにはすばらしい資産がある。だが、何か手を打たない限り、会社の行き着く先は死だ」

ともジョブズはいった。すばらしい資産とは、なお残っていた有能な社員たちだ。

インダストリアルデザイン部門のディレ

クター、ジョナサン・アイブもその一人だった。歴代CEOから何の変哲もない「ベージュ色の箱」ばかりをつくらされ、不満を募らせていた。アップルで働きたい一心でイギリスからアメリカに移住したというのに、満たされない毎日を送っていた。

ジョブズ復帰で、それが一変する。

「僕らがアップルに入社した理由が突然、復活した」

ジョブズ指揮のもと、再びデザイン重視の製品づくりが始まり、あるプロジェクトが極秘裏にスタートする。社員の多くも発表当日まで知らなかったiMac計画だ。世界中にブームを巻き起こしたiMacは、ジョブズ復帰1年目の功績となった。

067 誰もが後継者になり得るようにする。それが私の義務だ。

2003年、ジョブズに膵臓《すいぞう》ガンが見つかった。だが病状をアップルが正式発表したのは半年以上もたってからだった。対応の遅さに非難が集中した。

ジョブズの健康状態に投資家が神経をとがらすのは当然だ。アップルを再建させ、革新的な商品を生み出してきたのがジョブズだ。しかも、商品の細部に至るまで本人が目を光らせている。そのジョブズにもし何かがあれば……。

「ジョブズがバスにひかれでもしたら、アップルはどうなるんだ——そんなことをいう人もいます。まさか、パーティーはしないと思いますが、アップルには本当にすばらしい人材にあふれています」

そうジョブズはいうが、彼はただのCEOではない。アップルそのものなのだ。ガンの病状を探るために私立探偵を雇った投資家がいたのも当然かもしれない。

2008年にジョブズの激痩せが話題になると、商品発表会では健康問題に質問が集中した。「これは個人的な問題」と会社が応じると、翌日アップルは株価を下げた。

「現在の役員の誰もが後継者となり得るようにすること、それが私の義務であり、そうしようと心がけている」

とジョブズもわきまえているが、企業統治の難しさにアップルが直面したのは間違いあるまい。

ジョブズ劇場7

夢を素材に具体的な成功をつくる

成功できたのは乗る馬を選んできたからだ。

068

「現在はとりとめのない点であっても、やがて何らかの点と必ず結びつくと信じなくてはならない」とは、ジョブズのスタンフォード大学でのスピーチ（巻末参照）の有名な一節だ。では、ジョブズ自身は、点をどう描いてきたのだろうか。

思い浮かぶのは、マックという定番の売れ筋がありながら、アップルが失墜した理由である。最大の理由はライセンシー問題だという。性能では、マックのOSはウィンドウズをはるかに上回る。だが、アップルはそのライセンス供与を渋った。ウィンドウズは逆に、どこにも使用を許可した。その結果、アップルのシェアは激減した。

テクノロジーにはタイミングがあり、技

術上の優劣より、将来を見通す力が成功を左右する。歴代のアップルCEOには、その力がなかったということだろう。

「成功することができたのは乗る馬を慎重に選んできたからだ」

そうジョブズはいう。ジョブズのアップル再生は、経営そのものよりも、まず未来を描くことから始まったといっていいだろう。先見性は時に奇異に見られることもあるが、ジョブズはブレずに進んできた。

「ジョブズには、新しい技術のリスクを見定める天賦の才能がある。つまり、自分がよしと思った時に賭けに出るのだ」

アドビシステムズのジョン・ウォーノックのジョブズ評だ。

069 スタートと同時に、大半の人は違う方向に走り出した。

アップルⅡの大成功は、パソコン市場を大きく広げた。そこに大手企業が参入してくる。1981年にはIBMが16ビットCPU（中央演算装置）搭載のマシンで乗り込んだ。当時、アップルは総売上約6億ドル。IBMは約345億ドル。60倍近く巨大な相手との戦いだったが、ジョブズには勝算があった。

「スタートと同時に、大半の人々は違う方向に走り出してしまった。16ビットマシンとか32ビットマシン、メモリがどうだとか、相変わらず『テクノロジー競争』が続いているようだ」

肝心なのはビットやメモリといったハードウエアではない。ソフトウエアで競争することなのだ。ソフトが理解できないから、どこもハードを追いかけているが、ソフトの開発能力こそ、アップルの強みである。

ジョブズは、そういう正しい方向に走り出したから、巨大企業に勝てたのである。

「ユーザー・インターフェイスは、急いでいる初心者が10秒以内に理解できるぐらい簡単にすべきだ」

これは情報工学者テッド・ネルソンの口ぐせだ。さらにネルソンはこう指摘する。

「パソコンは、もっと以前から登場していてもおかしくはなかった。遅れて登場してきたその背景には、既成の巨大なコンピューターメーカーが、結果としてパソコンの出現を抑圧していたという歴史がある」

070

人生の答えを見つけたかった。

ジョブズは幼い頃から、願望実現のためにはどんな障害も乗り越える強さを持っていた。11歳では学校生活に嫌気がさし、両親に「学校に行かない」といい張って引っ越しをさせた。大学進学でも、「リードに行けないならどこにも行かない」と我を通し、個性的な学生が多いオレゴン州のリード・カレッジへ進んでいる。

両親はつらかった。リードは学費が高い上に、家からも遠かったからだ。ジョブズは親もとを離れるのは初めてだったが、キャンパスまで付き添った両親との別れは実に淡々としていた。「ああ、ありがとう、じゃあ」だけだったのだ。

「両親がいるところを誰にも見られたくな

くてね。自分には親なんか必要なかった。ケンタッキーから来たみなしごみたいになりたかったんだ。貨物列車に飛び乗って、国中を何年も放浪してきたような。人生とはいったい何なのか、その答えを見つけたかったんだ」

しかし、大学には答えはなかった。

「人生で自分が何をしたいのかわからなかったし、それを見つける上で大学がどう役立つのか見当もつかなかった」

半年で大学を中退、しばらく大学の寮で過ごしている。ダン・コトケによると、当時のジョブズは「もの足りない思い」を抱いて「掲げるべき旗印」を求めていたが、まだそれを見つけられなかったという。

071

僕は環境決定論者だ。人間の価値と世界観は、経験によって形づくられる。

能力が先天的か後天的かはよく論じられることだ。芸術やスポーツなどの天才を見ると、凡人が努力しても到達できない天与の才を思い知らされる。しかし一方では、学習や努力、訓練によってどのようにも成長できるのも事実だ。

20代前半でアップルを大企業に成長させたジョブズを見ていると、その才能は先天的なもののように感じられるが、彼自身は自らを「環境決定論者」と称している。

「自分が持っている特長のルーツを知りたがるのは、自然な好奇心だと思う。でも僕は環境決定論者だ。人間の価値とか世界観のほとんどは、その人間が成長した時の経験によって形づくられるものだと思うね」

ジョブズのエレクトロニクスへの興味は、子ども時代に電子工学機器を組み立てる人気キット「ヒース・キット」にふれたことから来ているという。製品とは空から降ってくる魔法の品ではなく、人間の創意工夫の結晶だと知って「途方もない自信」を得たというのだ。

やがてあるクラブで初めてデスクトップコンピュータに出会い、「いかしていたんだ。ずっと触っていたかったよ」というほどの感激を覚えている。

交渉の才は駆け引きに長けていた養父ポールの影響を受けているともいうが、確かにジョブズは幼い日の経験を通して才能に気づいたのだといえる。

072

若い頃、何かにかぶれていれば、ビル・ゲイツも少しは融通のきく男になっていた。

西海岸に生まれ、青春をカウンターカルチャーの中で過ごしたジョブズと、東海岸の名門ハーバード大学で学んだビル・ゲイツ。二人は同年齢でありながら、対照的な人生を送ってきた。

ジョブズは、ゲイツの優等生ぶりをからかって、こういっている。

「若い頃、ドラッグに手を出していたとか、ヒンズー教にでもかぶれていれば、ビルも少しは融通のきく男になっていたよ」

当のジョブズは、インドを放浪してヒンズー教の僧侶と語らうなど、内省的で悩み多き青春時代を過ごした。大学は中退し、ヒッピーまがいの生活を送った後、ゲームメーカーのアタリに入社。だが、生意気な態度が災いして仲間から嫌われた。

子どもの頃は、スイミングクラブのレースで負けても泣き出してしまうような性格だった。同じスイミングクラブに通っていたウォズニアックの弟マークは、こういっている。

「こういう反応をすると、決してみんないい顔をしない。万事がこんな調子だった。だからよくからかわれていた。子どもっていうのは残酷なものさ。こういう奴を徹底的にいじめたくなるんだ」

IT界の覇王《はおう》、時に暴君と恐れられる現在のイメージからほど遠い少年時代だ。だが、幼い頃からの孤独は、ナイーブさの陰に強靭《きょうじん》な野心と個性を育て上げていた。

073 マルクスと導師を合わせたよりも、エジソンのほうが世界にとってよかった。

副業のつもりで始めたアップルが成功し始めていた頃、ジョブズはある選択を迫られていた。アップルを続けるべきか、日本に渡って禅寺に入るべきかという選択だ。師事していた日本の禅僧チノ・コーブン（乙川弘文《おとがわこうぶん》）に相談、「事業も坐禅をすることも同じだということがやがてわかるだろうから、事業を続けたほうがよい」とアドバイスされている。

最終的にアップルを選んだが、「日本行き中止を決めるのは、本当に大変な決断だった」というほどの大事件だったという。

ジョブズの東洋や精神世界への関心は大学時代に始まり、アタリ社時代には友人のダン・コトケを誘ってインドへ行くほどに強くなっている。「何としても行くんだって決めていたようです。養子だということに悩んでいたんです」がコトケの感想だ。インドに行ったジョブズは、さまざまな経験を通してこう考えるようになった。

「1カ月しても、僕らは悟りを開けるような可能性もなかった。僕はその頃初めて、カール・マルクスとニーム・カイロリー導師を合わせたよりも、トーマス・エジソンのほうが世界にとってよかったんじゃないかと思い始めていた」

探していた答えを見つけられなかったジョブズは再びアタリ社で働き始め、やがてアップルを創業、世界を変える戦いへと打って出ることとなった。

074

僕にはないけど、あっちはたくさんお金を持っている。

「お金は損するかもしれないけど、自分の会社が持てる一生に一度のチャンスだ」という何ともしびれる言葉でウォズニアックを口説いたものの、先立つお金はなかった。ジョブズが車を、ウォズニアックが電卓を売ったわずかの資金で創業している。

そんな資金不足を乗り切れたのは、ジョブズの巧みな交渉のお陰だった。ある時は後払いで部品の納品や組立をしてくれる会社を探し、ある時はマイク・マークラのようなお金持ちを探すことで会社を成功へと導いている。

自分にお金がないのなら、持っている人に出してもらえばいい。それは子ども時代から変わらないジョブズのやり方だった。

ある時、授業でコンピュータ企業バローズ（現ユニシス）の部品が必要になった。教師は同社の地域広報担当に電話して、学校の課題に必要だから部品を1個か2個送ってもらうようアドバイスした。ところが、ジョブズは本社にコレクトコールをかけ、電子機器の開発中だと嘘をついて航空便で部品を送ってもらう。「コレクトコールなんて相手に失礼だ」と怒る教師に、ジョブズはこう答えた。

「僕には電話代なんてないけれど、あっちはたくさんお金を持っている」

やり方はともかく、結果を出したジョブズはすごい、というのが教師の感想だった。

075 アップルを追放された時、すぐに働き始めて、後で後悔した。

ジョブズを特別顧問としてアップルに復帰させたギル・アメリオに「スティーブは危険だ」と忠告する人は少なくなかった。しかし、アメリオは「どんな目的や懸念よりも、まずアップルを優先させなければいけない」と、決断の正しさを疑わなかった。ジョブズも「アップルを引き継ぐつもりか」と尋ねた記者に「ギルとはすごくうまくいっている。ギルも僕を信頼してくれてると思う」と、CEOの座を目ざす気はないと明言していた。

だが、ジョブズにとってアップルは「いつも僕の一部」だった。ジョブズは徐々にクーデターの準備を進め、1997年、ついにアメリオ追放を実行に移した。

失意のアメリオに最初に電話をかけてきたのはジョブズだった。自分はアドバイスは求められたが、決定には無関係であり、決定を残念に思うといい、こういった。

「半年間ゆっくりと休むといい。何もせず、働かず、何も手がけずに、ただ半年間のんびりと休むんだ。僕は、アップルを追放された時、すぐに働き始めて、後で後悔した。自分自身の時間をとるべきだったんだ。今、僕は自分の時間が欲しい」

そして次にやりたいことが決まったら遠慮なく電話してくれ、と続けた。いろいろに受け取れる複雑な電話だった。アメリオの感想は「彼のことはいろいろな意味で好きだけれど、信用はしていない」だった。

ジョブズはわずか25歳で大富豪の仲間入りをした。「23歳の時、資産価値は100万ドルだった。24歳で1000万ドルを超え、25歳で1億ドルを超えてしまった」というジョブズの言葉は、成功のすさまじさをよく表現している。

他のアップル社員もストックオプションで大金を手にしている。スティーブ・ウォズニアックは、金持ちとして生きる決心をしたようで、映画館を買ったり、大がかりなコンサートを開くなど大騒ぎを演じた。マイク・マークラは自家用ジェット機を購入し、ロッド・ホルトはヨットレースに熱中し始めた。金色のベンツを買ったアップル社員もいた。

076 子どもに巨額の金を残したいと思わない。子どもの人生を台なしにするだけだ。

だが、最も多くのお金を手にしたジョブズは「お金で買いたいものなんて、すぐに尽きてしまう」と、どちらかといえば禁欲的な生活を好んだ。ありあまるお金をどうするのかと聞かれ、こう答えている。

「まだ、実感がわかないが、一生かかっても使い切れない金を持つというのは、かなりの重荷だ。僕は、使ってしまわなくてはと思っている。死ぬ時に子どもに巨額の金を残したいとは思わない。子どもの人生を台なしにするだけだからね」

学生時代のジョブズの夢は億万長者になることだったらしい。しかし、成功の道を歩む過程で、夢は「お金」から「世界を変えること」へと変わっていくことになった。

077 父が自分にしてくれたように、自分も子どもにしてあげたい。

ジョブズの養父ポールは自動車の修理が得意で、おんぼろ自動車を買っては修理し、高く売る副業をしていた。機械いじりの楽しみをジョブズにも教えようとしたが、ジョブズは「手の汚れそうなこと」には興味を示さず、車の持ち主がどんな人かということに関心を抱いたという。

ジョブズの子ども時代は「どうしてうちが突然文なしになってしまったのかが理解できません」と学校で質問するなど、経済的に恵まれていたとはいいがたい。だが、それでも学費の高いリードへの進学を認めてもらったり、アップル創業時にガレージを快く使わせてもらえるなど、総じて幸せなものだった。

40歳になった頃、「自分の子どもに何を伝えたいか」と聞かれ、こう答えている。

「父が自分にしてくれたように、自分も子どもにしてあげたい」

こんなジョブズの願いが打ち砕かれそうになった瞬間がある。2004年に膵臓ガンと診断され、医師から余命3〜6カ月と告げられたのだ。「家に帰って身のまわりの整理をしたほうがいい」といわれたジョブズは、「父が自分にしてくれたように」長い年月をかけて子どもに伝えるべきことをわずか数カ月で伝えなければならない、と真剣に悩んだという。病から回復した今、ジョブズはおそらく子どもにたくさんのことを伝えているのだろう。

おわりに

次の書籍、雑誌、新聞およびウェブサイトを参考にさせていただいた。いずれも貴重な資料であり、特に書籍と雑誌はジョブズはもちろん周辺事情まで克明に描かれており、厚くお礼申し上げる。

執筆にあたっては秋山勝氏の協力をいただき、編集ではソフトバンククリエイティブの吉尾太一氏、アールズ株式会社の吉田宏氏にご支援いただいた。感謝を捧げたい。

ジェフリー・S・ヤング、日暮雅通訳『スティーブ・ジョブズ——パーソナル・コンピュータを創った男』(上・下) JICC出版局
アラン・デウッチマン、大谷和利訳『スティーブ・ジョブズの再臨——世界を求めた男の失脚、挫折、そして復活』毎日コミュニケーションズ
リーアンダー・ケイニー、三木俊哉訳『スティーブ・ジョブズの流儀』ランダムハウス講談社
ランドール・ストロス、斉藤弘毅・エーアイ出版編集部訳『スティーブ・ジョブズの道』エーアイ出版
ジョン・スカリー、ジョン・A・バーン、会津泉訳『スカリー——世界を動かす経営哲学』(上・下) 早川書房
ビル・カポダイ、リン・ジャクソン、早野依子訳『ピクサー成功の魔法——大ヒットを連発する革新的ビジネスモデル』PHP研究所

デイヴィッド・A・プライス、櫻井祐子訳『メイキング・オブ・ピクサー——創造力をつくった人々』早川書房
ギル・アメリオ、ウィリアム・L・サイモン、中山宥訳『アップル薄氷の500日』ソフトバンククリエイティブ
オーウェン・W・リンツメイヤー、林信行、武舎広幸・武舎るみ翻訳協力『アップル・コンフィデンシャル2・5J』（上・下）アスペクト
ジム・カールトン、山崎理仁訳『アップル——世界を変えた天才たちの20年』（上・下）早川書房
マイケル・モーリッツ、青木榮一訳『アメリカン・ドリーム』二見書房
スティーブン・レヴィ、上浦倫人訳『i-Podは何を変えたのか?』ソフトバンククリエイティブ
アンディ・ハーツフェルド、柴田文彦訳『レボリューション・イン・ザ・バレー——開発者が語るMacintosh誕生の舞台裏』オライリージャパン
芦原由紀夫、紀田順一郎、林伸夫、近藤龍太郎、藪暁彦、鈴木清和、荒礼子『Two Steves & Apple』旺文社
「日本経済新聞」2010年5月27日
「Fortune」2008.8.3
「Newsweek」1997.3.26／1997.7.30／1998.5.20／2000.8.2／2009.06.24／2009.9.18／2010.7.16／2010.7.20／2010.8.4
ブログメディア「AppleInsider」2007.5.10／2009.9.11
Apple annual report 1981
Dカンファレンス8記録（2010年5月）
ソフトバンク第30回定時株主総会（2010年6月25日　東京国際フォーラム）

My third story is about death.
When I was 17, I read a quote that went something like: "If you live each day as if it was your last, someday you'll most certainly be right." It made an impression on me, and since then, for the past 33 years, I have looked in the mirror every morning and asked myself: "If today were the last day of my life, would I want to do what I am about to do today?" And whenever the answer has been "No" for too many days in a row, I know I need to change something....

Your time is limited, so don't waste it living someone else's life. Don't be trapped by dogma—which is living with the results of other people's thinking. Don't let the noise of others' opinions drown out your own inner voice. And most important, have the courage to follow your heart and intuition. They somehow already know what you truly want to become. Everything else is secondary....

When I was young, there was an amazing publication called The Whole Earth Catalog, which was one of the bibles of my generation....

On the back cover of their final issue was a photograph of an early morning country road, the kind you might find yourself hitchhiking on if you were so adventurous. Beneath it were the words: "Stay Hungry. Stay Foolish." It was their farewell message as they signed off. Stay Hungry. Stay Foolish.

And I have always wished that for myself. And now, as you graduate to begin anew, I wish that for you.Stay Hungry. Stay Foolish.
Thank you all very much.

手を打ってはいけない。

3つ目の話は死についてです。
「日々を最後の日として生きよ。いずれの日かその時は誤ることなく訪れる」。17歳の時こんな言葉を目にしました。深い印象を残す言葉でした。以来33年というもの、私は毎朝鏡を見るたびに自分にこう問いかけてきました。「今日が人生最後の日なら、今日の予定はお前が本当にやりたいことなのか」。この問いに「否《いな》」という答えが何日も続くようなら、変化が兆していることに気づく必要があると知るわけです。(略)

みなさんの時間は無限ではない。だから他人の人生を生きて自分の時間を無駄にしてはならない。ドグマにとらわれてはいけない。それは他人が考えた結果を受け入れて生きていくことです。他人の声が立てる物音に自分の内なる声を押し流されてはいけない。大切なのは、自らの内なる声、そして直感に素直に耳を傾ける勇気を持つことです。どういうわけだか、自分が本当になりたいものは何か、内なる声も直感もずっと前からその答えを知っています。これ以外はすべて後に回していい。

私が若い頃『ホール・アース・カタログ』という、とてつもない雑誌が出ていました。私たちの世代にはバイブルの1つでした。

最終号の背表紙は早朝の田舎道の写真でした。やみがたい冒険心に富む旅人なら足を踏み入れてしまう、そんな田舎道です。写真の下にこんな言葉が添えてありました。「ステイ・ハングリー、ステイ・フーリッシュ」(倦むことなかれ。愚直であり続けよ)。休刊に寄せられた最後のメッセージです。「ステイ・ハングリー、ステイ・フーリッシュ」。

以来、私は自らがそうでありたいと願い続けてきました。そして今、卒業の時を迎え新たな人生の門出に踏み出すあなたたちにもそうであれと願ってやみません。倦むことなかれ。愚直であり続けよ。
ご清聴ありがとうございました。

(訳・秋山 勝)

Apple in my parents garage when I was 20. We worked hard, and in 10 years Apple had grown from just the two of us in a garage into a $2 billion company with over 4000 employees. We had just released our finest creation—the Macintosh—a year earlier, and I had just turned 30. And then I got fired....

What had been the focus of my entire adult life was gone, and it was devastating. I really didn't know what to do for a few months....But something slowly began to dawn on me—I still loved what I did. The turn of events at Apple had not changed that one bit. I had been rejected, but I was still in love. And so I decided to start over.

I didn't see it then, but it turned out that getting fired from Apple was the best thing that could have ever happened to me. The heaviness of being successful was replaced by the lightness of being a beginner again, less sure about everything. It freed me to enter one of the most creative periods of my life.During the next five years, I started a company named NeXT, another company named Pixar, and fell in love with an amazing woman who would become my wife....

I'm pretty sure none of this would have happened if I hadn't been fired from Apple. It was awful tasting medicine, but I guess the patient needed it. Sometimes life hits you in the head with a brick. Don't lose faith. I'm convinced that the only thing that kept me going was that I loved what I did.

You've got to find what you love....If you haven't found it yet, keep looking. Don't settle. As with all matters of the heart, you'll know when you find it. And, like any great relationship, it just gets better and better as the years roll on. So keep looking until you find it. Don't settle.

ることができたからです。ウォズと2人、生家のガレージでアップルを立ち上げたのは20歳の時です。働き詰めに働いて10年、ガレージから始めた2人の会社は年商20億ドル、4000人以上の従業員を抱えるまでになっていました。そして最高傑作のマッキントッシュのリリースからちょうど1年、私が30歳の誕生日を迎えた直後のことです。私はアップルからたたき出されました。（略）

社会人として人生のすべてを賭けてきたものが消え去ったのですから、それはひどいものです。数カ月の間どうしていいかわからずじまいでした。（略）ところがそうこうしているうち、徐々にわかり始めてくるものがありました。それは、私がこの仕事を変わらずに愛していることです。一連の騒動でも、これっぽっちもその思いは変わらない。拒絶されてもなお愛してやまない。だから私はもう一度出直すことを決心しました。

その時はまだ気がつきませんでしたが、アップルをクビになったことは人生最良の経験であることがやがてわかってきました。諸事に対して以前ほどの自信は抱けなくなったものの、成功がもたらした重厚さは、再び初心者であることの軽やかさに代わりました。自由になれたことで私は、人生で最もクリエイティブな時期にもう一度歩み出すことができるようになったんですね。それから5年の間、私はネクストという会社を立ち上げ、ピクサーをつくり、後に妻となるかけがえのない女性と恋に落ちました。（略）

アップルをお払い箱にならなかったら、こうしたことは起こらなかったはずです。それに間違いはないでしょう。もっとも、薬の味はすさまじいものでした。でも、それが必要な患者もいるのでしょう。時としてレンガで頭をぶん殴られるようなことも人生では起こるものです。だが、それでも信念を見失ってはいけない。私が続けてこられた理由は、結局、ただ自分の仕事が好きだったというその思いにほかなりません。

ですから皆さんも、これと思えることを見つけなくてはいけない。（略）それがまだなら探し続けなくてはいけない。妥協はだめです。心の問題はこれというものに出会うと、心がそれと悟ります。幸福な恋愛が年とともに円熟味を増すようなものです。だからそれと出会うまでは求め続けること。ほどほどで

Today I want to tell you three stories from my life. That's it. No big deal. Just three stories. The first story is about connecting the dots.

I dropped out of Reed College after the first 6 months, but then stayed around as a drop-in for another 18 months or so before I really quit....Reed College at that time offered perhaps the best calligraphy instruction in the country....I decided to take a calligraphy class to learn how to do this....None of this had even a hope of any practical application in my life.

But ten years later, when we were designing the first Macintosh computer, it all came back to me. And we designed it all into the Mac. It was the first computer with beautiful typography....

Of course it was impossible to connect the dots looking forward when I was in college. But it was very, very clear looking backwards ten years later. Again, you can't connect the dots looking forward; you can only connect them looking backwards.

So you have to trust that the dots will somehow connect in your future. You have to trust in something—your gut, destiny, life, karma, whatever. Because believing the dots will connect down the road, it gives you confidence to follow your heart; even it leads you off the well-worn path. And that will make all the difference.

My second story is about love and loss.
I was lucky—I found what I loved to do early in life. Woz and I started

参考付録

ジョブズのスタンフォード大学卒業記念演説［省略版］

The Stanford University Commencement address[abridged edition]

今日は私が人生で学んだ3つの話をお聞かせします。3つです。大した話じゃありません。たったの3つです。まず、「点と点をつなぐ」という話からです。

私はリード大学を半年で退学しました。学校を引き払うまでの1年半は聴講生として過ごしました。（略）当時のリード大学は、カリグラフィの研究ではこの国で屈指の教育を提供していました。（略）私も講座を取ってカリグラフィを学ぶことに決めました。（略）生きていく上で実践的に役立ちそうだとは言いがたいものでしたが。

それから10年後、初期のマッキントッシュを設計していた時です。当時の経験がありありとよみがえったのです。そして、その記憶はマックの設計に組み込まれました。美しい書体デザインを備えた世界初のコンピュータは、こうして誕生しました。（略）

もちろん大学にいた頃は、点と点とがいずれ結びつくなど見通せるわけはありません。けれど10年が過ぎて振り返った時、それがはっきりと見えるようになっていたんです。もう一度言います。点と点は未来を見越して結びつけることはできません。ただ過去を振り返ったときにしかつなぐことができないのです。

だから、現在はとりとめのない点であっても、やがて何らかの点と必ず結びつくと信じなくてはならない。とにかく何かを信じなくてはいけません。生きざま、運命、人生、宿命……それを何と呼んでもいいでしょう。点がいずれ自らの歩む道につながると信じるから、自分の心に従って胸を張って生きていくことができる。人が行く道と大きく外れても、その自信が揺らぐはことありません。信じること、それが世界を一変させるのです。

2番目は「愛」と「喪失」の話です。
私は運のいい男でした。自分が何をしたいのか、人生の早いうちに見つけ

桑原 晃弥（KUWABARA TERUYA）

経済・経営ジャーナリスト。広島県生まれ。慶應義塾大学卒。業界紙記者、不動産会社、採用コンサルタント会社を経てフリージャーナリストとして独立。また、トヨタ式の実践、普及で有名なカルマン株式会社の顧問として「人を真ん中においたモノづくり」に関する書籍やテキスト、ビデオなどの企画、編集を行っている。著書に、『スティーブ・ジョブズ名語録』『「トップアスリート」名語録』（PHP 研究所）、『自分の見せ方が上手い人、下手な人』（成美堂出版）などがある。

1分間スティーブ・ジョブズ
人生に革命を起こす77の原則

2011年2月7日　初版第1刷発行
2012年2月17日　初版第5刷発行

著者	桑原晃弥
発行者	新田光敏
発行所	ソフトバンククリエイティブ株式会社
	〒106-0032　東京都港区六本木2-4-5
	電話　03（5549）1201（営業部）
装幀	AD 渡邊民人　D 小林祐司（TYPEFACE）
本文デザイン	小林祐司・荒井雅美（TYPEFACE）
印刷・製本	中央精版印刷株式会社

落丁本、乱丁本は小社営業部にてお取り替えいたします。定価はカバーに記載されております。本書の内容に関するご質問等は、小社学芸書籍編集部まで必ず書面にてご連絡いただきますようお願いいたします。

ISBN978-4-7973-6305-0

仕事の効率が10倍アップする!

知的生産力が劇的に高まる 最強フレームワーク100

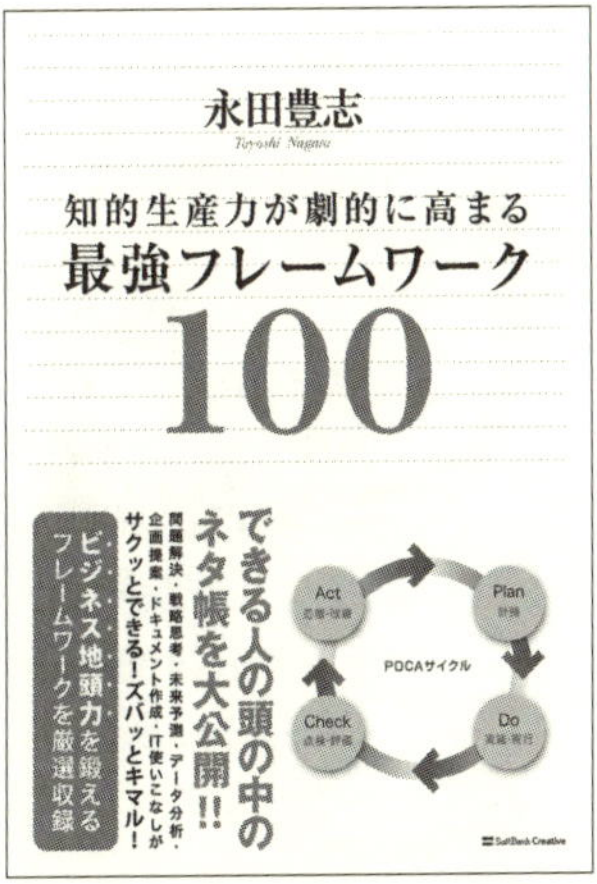

永田豊志　著

定価（本体 1500 円＋税）

世界のビジネスシーンで、
その普遍性が認められた
ビジネス・フレームワークを 100 個厳選収録。
本書を活用すれば、
知的生産の劇的な効率アップが実現できる。
ナレッジワーカー必読の一冊。

ソフトバンク クリエイティブ

神田昌典氏推薦!

日本でいちばん社員満足度が高い会社の非常識な働き方

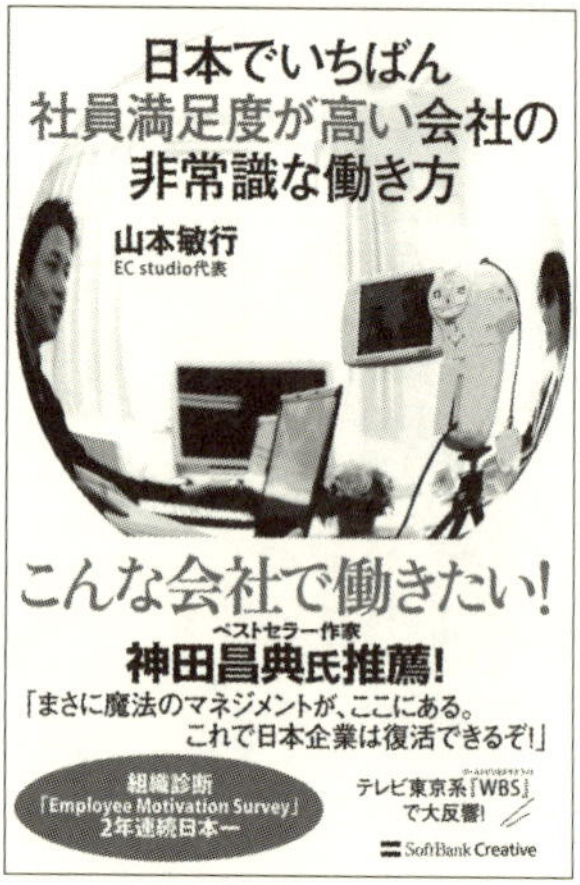

山本敏行　著

定価（本体 1400 円＋税）

「社員満足度日本一」のECスタジオとはどんな会社なのか?
「会社に電話がない」「顧客に会わない」
「10連休が年4回」「全社員に iPhone を支給」など、
その非常識なまでの「社員第一主義」の姿勢を紹介し、
会社のやる気と利益をアップさせるためのノウハウを紹介する。

ソフトバンク クリエイティブ